Gülcin Naz Bayraktar

# Strategien der Kinderwerbung

disserta Verlag

**Bayraktar, Gülcin Naz: Strategien der Kinderwerbung. Hamburg, disserta Verlag, 2014**

Buch-ISBN: 978-3-95425-632-7
PDF-eBook-ISBN: 978-3-95425-633-4
Druck/Herstellung: disserta Verlag, Hamburg, 2014
Covermotiv:

**Bibliografische Information der Deutschen Nationalbibliothek:**
Die Deutsche Nationalbibliothek verzeichnet diese Publikation in der Deutschen
Nationalbibliografie; detaillierte bibliografische Daten sind im Internet über
http://dnb.d-nb.de abrufbar.

© disserta Verlag, Imprint der Diplomica Verlag GmbH
Hermannstal 119k, 22119 Hamburg
http://www.disserta-verlag.de, Hamburg 2014
Printed in Germany

# Inhaltsverzeichnis

# Abkürzungsverzeichnis

| | |
|---|---|
| Abb. | Abbildung |
| Art. | Artikel |
| BGB | Bürgerliches Gesetzbuch |
| bspw. | beispielsweise |
| BverfG | Bundesverfassungsgericht |
| bzgl. | bezüglich |
| bzw. | beziehungsweise |
| ca. | circa |
| d.h. | das heißt |
| DLM | Deutsche Landesmedien |
| etc. | et cetera |
| f. | folgende |
| ff. | fort folgende |
| GG | Grundgesetz |
| IJF | Institut für Jugendforschung |
| KVA | Kids Verbraucheranalyse |
| o.ä. | oder ähnliche(s) |
| S. | Seite |
| sog. | sogenannte |
| soz. | sozusagen |
| u.a. | unter anderem |
| u.ä. | und ähnliche(s) |
| usw. | und so weiter |
| UWG | Gesetz gegen unlauteren Wettbewerb |
| vgl. | vergleiche |
| z.B. | zum Beispiel |
| zit. | zitiert |
| % | Prozent |
| & | und |
| § | Paragraph |

# Abbildungsverzeichnis

# Tabellenverzeichnis

# Abstract

Werbung ist allgegenwärtig und man kann sich ihrer Omnipräsenz kaum mehr entziehen.

Besonders Kinder und Jugendliche, die mittlerweile über viele verschiedene Medien verfügen und schon von klein auf mit Werbung konfrontiert werden, sind der manipulativen Macht der bunten Werbewelt ständig ausgesetzt.

In diesem Zusammenhang ist es dringend erforderlich, zu hinterfragen, inwiefern Werbung auf Kinder und Jugendliche wirkt, wie Kinder mit dieser manipulativen Macht umgehen und welche Absicht seitens der Werbetreibenden hinter den Werbestrategien steckt.

Die Aufgabe der Autorin besteht darin, diese Fragestellungen mit Hilfe einer Literaturrecherche näher zu analysieren und die Wechselbeziehungen zwischen Werbung und ihrer Hauptzielgruppe Kinder / Jugendliche genauer zu untersuchen.

Nach einer näheren Beschreibung und Definition der Werbung und der Zielgruppe Kinder / Jugendliche, folgt die theoretische Behandlung des Gesamtkomplexes Kinder / Jugendliche und Werbung anhand ihrer Freizeitgestaltung und gleichzeitigen Nutzung von Medien, bei denen hauptsächlich das Fernsehen eine sehr große Rolle spielt. Zudem werden auch die Grenzen der Werbung im Hinblick auf Kinder / Jugendliche kurz vorgestellt.

Einen näheren Einblick in die Trickkiste der Werbung verleiht Kapitel 5, wobei auf die Nutzung verschiedener Werbemittel und die gezielte Anwendung von Werbetricks eingegangen wird.

Auch das Kauf- und Konsumverhalten von Kindern bzw. Jugendlichen und ihre mögliche Einflussnahme auf Kaufentscheidungen ihres Umfelds, werden einer näheren Betrachtung unterzogen, wobei sich nachfolgend Kapitel 7 mit dem Umgang der Kinder und Jugendlichen als Rezipienten von Werbung beschäftigt, indem u.a. die Werbekompetenz und die Einstellung der Kinder / Jugendliche gegenüber Werbung besprochen wird, bevor das Buch mit einer Schlussbetrachtung endet.

# 1    Einleitung

Werbung ist heutzutage allgegenwärtig: Aufgrund der multimedialen Gegebenheiten in der heutigen Gesellschaft haben die Werbestrategen zahlreiche und vielfältige Möglichkeiten ihre Werbebotschaften zu verbreiten. Überall wird geworben, ob im Kino, Radio, Fernsehen, Internet, in Zeitschriften oder auf Litfasssäulen. Man wird kontinuierlich mit den verschiedensten Produktreizen konfrontiert und nicht selten zum Kauf animiert.

Werbung hat sich in allen Lebensbereichen so stark ausgebreitet, dass es kaum mehr möglich ist, sich ihr zu entziehen. Die Konsumenten sind dadurch einer immensen Reizüberflutung ausgesetzt. Dies führt in einer Vielzahl der Fälle dazu, dass Werbung gar nicht mehr wahrgenommen oder einfach ignoriert wird. Um Werbung daher gezielt und effizient einsetzen zu können, versuchen Werbestrategen unter anderem Aufschluss über ihre Zielgruppen zu gewinnen.

Nach James McNeal, einem Marketing- Professor an der Texas A&M Universität in College Station und Autor (des Buches „Kids as Customers: A Handbook of Marketing to Children and Myths and Realities of the Kids Market", 1992), gäbe es nur zwei Wege, um neue Kunden zu gewinnen: Man kann sie entweder den Wettbewerbern abnehmen oder von Kindesbeinen heranziehen *[in: www.abseits.de, 05.07.2002]*. Und so ist es auch:
Kinder und Jugendliche repräsentieren heute eine der jüngsten und für die Werbewirtschaft eine der begehrtesten Zielgruppen. Seit den 60er Jahren sind sie verstärkt zur Zielgruppe von Werbeaktivitäten geworden *[Moser, 2002, S.70]*. Dabei geraten sie immer mehr in den Blickpunkt von Werbestrategen. „Nicht nur die Hersteller von Spielzeug, Süßigkeiten, Speiseeis, Frühstückskost und Sportartikeln richten ihre Werbung mit Vorliebe an sie. Auch die Werbung für Erwachsenenprodukte wendet sich gleichzeitig an die Nachwuchskonsumenten und bevorzugt Medien als Werbeträger, mit denen die Jüngeren erreicht werden können" *[Eicke & Eicke, 1994, S.217]*.
Die eigenständige Konsumentenrolle der "Kleinen", die in dieser Arbeit den Schwerpunkt einnimmt und daher näher diskutiert werden soll, wirft viele Fragen auf.

Wie werden Kinder und Jugendliche erreicht?

Wie gehen sie mit Werbung um? Und in welchem Ausmaß nutzen sie Werbung? Welchen Stellenwert hat die Werbung für Kinder und Jugendliche? Und wie sieht kinderspezifische Werbung überhaupt aus? Was bezwecken die Werbestrategen damit?

Wie sehen die Konsumgewohnheiten der Kinder aus und welche Produkte bevorzugen sie?

Wie wirkt sich die Werbung auf sie aus? Und wie stark wird diese Gruppe von den visuellen Reizen und Werbebotschaften geprägt?

Bezwecken Werbestrategen in ihrem Kampf um die Ansprache von Kindern und Jugendlichen auch andere Ziele, wie z.B. die Einflussnahme der "Kleinen" auf Kaufentscheidungen innerhalb ihrer Familie?


Zum Thema:


In diesem Buch wird der Versuch gestartet, auf Kinder und Jugendliche gerichtete Werbestrategien und Werbebotschaften zu beschreiben. Dabei geht es um die Wirkungszusammenhänge und Wechselbeziehungen der "Kleinen" mit der Werbung.

Die erste Schwierigkeit ergibt sich dabei, die beiden Themen Kinder / Jugendliche und Werbung unter einer wissenschaftlichen Perspektive miteinander zu verbinden. Sowohl über Werbung als auch über Kinder und Jugendliche gibt es nämlich eine Menge an vorhandener Literatur. Im Folgenden soll daher hauptsächlich die Schnittmenge der beiden Themenpunkte Kinder / Jugendliche und Werbung als Hauptaugenmerk dieser Arbeit betrachtet werden.

Besonders der (aktuellen) Fernsehwerbung, die für die Heranwachsenden konzipiert und auf sie zugeschnitten wird, soll im Vergleich zu den anderen Medien, wie Zeitschriften, Radio und Internet mehr Beachtung geschenkt werden, was nicht nur darauf zurückzuführen ist, dass Kinder bzw. Jugendliche mit Werbung fast ausschließlich das Fernsehen assoziieren, sondern auch im Gegensatz zu den anderen Werbemedien zahlreiche Studien, Untersuchungen und Diskussionen vorliegen.

Desweiteren kann und soll aus bestimmten Gründen (siehe Kapitel 3.3) nicht immer eine genaue Trennung zwischen Kindern und Jugendlichen gezogen werden, da sich dieses Buch im Schwerpunkt auf Kinder beziehen soll. Daher wird auf den nachfolgenden Seiten fast ausschließlich von Kindern die Rede sein und meistens auf die zusätzliche Angabe von Jugendlichen verzichtet.

# 2 Werbung

## 2.1 Grundlegendes über Werbung

Kaum ein gesellschaftliches Phänomen hat in den letzten Jahrzehnten eine so große Aufmerksamkeit auf sich gezogen, wie die Werbung. Unstrittig zählt sie mittlerweile zu den spektakulärsten Wachstumsbranchen der Welt. Während alles mit dem Buchdruck seinen Anlauf nahm, ist heute von Massenwerbung und ihrer Verbreitung durch die sog. Massenmedien wie Fernsehen, Radio, Internet usw. die Rede.

Werbung ist einfach nicht mehr wegzudenken, sie gilt mittlerweile als selbstverständlich und ist zu einem auffälligen   Bestandteil der heutigen Medienkultur geworden.

Da der Themenkomplex Werbung ein so breitgefächertes und mittlerweile unüberschaubares Thema darstellt, wird dieser Begriff im Folgenden nur stark eingegrenzt dargestellt und wiedergegeben.

## 2.2 Definitionen und Funktionen der Werbung

Werbung „bezeichnet den gezielten Versuch des Werbetreibenden, einzelne Marktpartner oder Zielgruppen mit bestimmten Werbemitteln zu einem aus seiner Sicht wünschenswerten Verhalten zu veranlassen oder ihre Einstellungen zu beeinflussen" *[Gierl, 1995, S.674]*.

Werbung lässt sich allgemein in Massenwerbung, Verkaufsförderung und Öffentlichkeitsarbeit einteilen. Und sei es, um einen hohen Grad an Aktualität zu erlangen, die eigene Position auf dem Markt zu festigen oder Absatzerhöhungen durchzuführen, stellt Werbung eine  produkt- und unternehmensbezogene Kommunikation dar, die von Massenmedien betrieben wird.

So wird Werbung nicht selten auch als Absatzwerbung gesehen, da sie oft gezielt mit der Absicht eingesetzt wird, ihre absatzpolitischen Ziele zu erreichen. Die absatzpolitische Zielsetzung, die die Werbung dabei auszeichnet, definiert Behrens *[1970, zit. in: Schenk / Donnerstag / Höflich, 1990, S.7]* als eine Werbung, die 'verkaufs - politischen Zwecken dienende, absichtliche und zwangfreie Einwirkung auf Menschen mit Hilfe spezieller Kommunikationsmittel' umfasst.

Werbung versucht gezielt das Verhalten der Konsumenten zu beeinflussen. Brosius und Fahr *[1996, S.12]* nennen hierzu fünf Charakteristika der Werbung:

1. Gegenstand
2. Ziel
3. Instrumente
4. Art der Kommunikation
5. Kanal

Während der Gegenstand „Produkte, Dienstleistungen, Unternehmen als Ganzes oder (politische, kulturelle, religiöse) Ideen" darstellt, bezeichnet das Ziel „die Beeinflussung von Meinungen, Kognitionen, Emotionen, Motivationen oder Verhalten von Menschen".

Mit Instrumenten ist eine bestimmte „Anwendung von Gestaltungstechniken" gemeint, wohingegen die letzten beiden Punkte den „Versuch, das Werbeziel durch gezielte und offenkundige Beeinflussung zu erreichen" und den „Vorzug von bestimmten Verbreitungskanälen (Massenmedien im weitesten Sinn)" beschreiben.

Desweiteren sollte der Einsatz von Werbung gezielt erfolgen und unterschieden werden, zu welchem Zweck eine Werbung konzipiert und eingesetzt wird. Während die Einführungswerbung z.B. für ein neues Produkt werben soll, das auch neu auf dem Markt ist, zielt die Durchsetzungswerbung darauf ab, das neue Produkt in seiner Marktposition zu stärken und zu festigen.

Außerdem wird noch zwischen der Verdrängungswerbung und der Expansionswerbung unterschieden, wobei letztere darauf abzielt, für ein bereits existierendes Produkt nach neuen Kunden und Konsumenten zu suchen *[vgl. auch Poth, 1988, S.54ff.]*.

## 2.2.1 Positionierung

Neben Information, Motivation, Sozialisation, Verstärkung und Unterhaltung *[Kroeber- Riel, 1992, S.612; siehe auch Mayer, 1993]* verfolgt die Werbung noch eine weitere Zielsetzung. Sie will auch positionieren.

Nach Kroeber- Riel *[1991, S.46]* geht es „bei der Positionierung durch die Werbung darum, der Marke durch die Marktkommunikation in der subjektiven Wahrnehmung der Abnehmer eine solche Position zu verschaffen, dass sie den Idealvorstellungen der Konsumenten nahekommt und den Konkurrenzpositionen fernbleibt".

Der Platz der beworbenen Marke soll sich soz. im Kopf des Verbrauchers festsetzen und sich von den anderen Konkurrenzprodukten unterscheiden. Dabei wird die Einzigartigkeit und Besonderheit des beworbenen Produktes, der sog. USP (Unique Selling Proposition) *[USP- Formel, nach Reeves, 1961]* angesprochen und ein einziges Argument betont. Die Werbebotschaft soll dadurch „einfacher, klarer, prägnanter, eingängiger und vor allem >>schneller<< " gemacht werden *[Felser, 2001, S.19].*

Auch wird zwischen „hard sell"- und „soft sell"- Werbebotschaften unterschieden. Behrens *[1975, S.3-10]* unterscheidet in diesem Zusammenhang zwischen der „informativen Werbung" und der „suggestiven Werbung". Während die „informative Werbung" den Verstand, die Ratio des Verbrauchers ansprechen soll, betont die „suggestive Werbung" hingegen das Emotionale, das Gefühl.

## 2.3   Kinderwerbung

Dieser Begriff steht für Werbespots, die für Kinderprodukte werben oder aber in denen Kinder eigens als Haupt- oder Nebendarsteller auftreten. Der Spot muss sich aber auf jeden Fall eindeutig an Kinder richten *[Aufenanger, 1995, S 47]*.

Böckelmann, Huber und Middelmann *[1979, S.90]* definieren den Kinderspot in diesem Zusammenhang auf drei verschiedene Arten. Während unter der Kategorie 'A' die Fernsehspots zu verstehen sind, die sich „ausschließlich, ausdrücklich oder zumindest auch an Kinder als Entscheidungsträger, Konsumenten und/oder Käufer richten, ohne dass Kinder im Spot auftreten", bezeichnet die Kategorie 'B' diejenigen Fernsehspots, die sich „ausschließlich, ausdrücklich oder zumindest auch an Kinder als Entscheidungsträger, Konsumenten und/oder Käufer richten und in denen Kinder auftreten".

Unter die Kategorie 'C' fallen hingegen diejenigen Fernsehspots, in denen Kinder auftreten können, „wobei sich die Werbung jedoch nicht oder nicht primär an Kinder als (aktive) Anwender, Konsumenten und/oder Käufer der jeweils beworbenen Produkte richtet". Die beworbenen Produkte können aber auch „für die kindliche Sphäre bestimmt sein", wenn z.B. für Windel geworben wird bzw. das 'Wohl' des Kindes hervorgehoben werden soll.

Nach Kommer *[1996, S.46]* sollten in einem Kinderspot jedoch explizit oder implizit Kinder angesprochen werden, wobei es sich bei den beworbenen Produkten eindeutig um kinderspezifische Produkte handeln soll. Desweiteren sollte der Werbespot im Rahmen des Kinderprogramms oder innerhalb von Vorabendserien, die von den Kindern bevorzugt verfolgt werden, geschaltet werden. Der Aufbau und die Struktur des Werbeblocks sollen Kinder dabei zielgruppenspezifisch ansprechen.

# 3 Zielgruppe Kinder / Jugendliche

## 3.1 Definitionen der Zielgruppe

Oft hört man, dass eine Werbung für eine bestimmte Zielgruppe konzipiert wurde und diese gezielt ansprechen soll. Doch nach welchen Kriterien wird eine Zielgruppe gebildet und anhand welcher Kriterien lässt sie sich einteilen?

Eine Zielgruppe besteht aus einem Personenkreis bzw. einer Gruppe von Personen, die durch die Werbung angesprochen wird und die sich nach Meyer- Hentschel *[1996, S.26]* in „soziodemographische Merkmale", „angebotsbezogene Merkmale", „Diffusions- und Informationsmerkmale" und „Persönlichkeitsmerkmale" einteilen und nach diesen Kriterien auch gliedern lässt.

Zusätzlich muss sie Merkmale besitzen, „die sie als Käufer oder Verwender des Produktes für das geworben wird, geeignet machen bzw. psychologische Eigenschaften und Einstellungen haben" *[Linnert u.a., 1972, S.999]*.

Eine für die Werbebranche als effektiv geltende Zielgruppe sollte ein möglichst homogenes Kaufverhalten aufzeigen und über bestimmte Kommunikationskanäle erreichbar sein. Außerdem sollten ihre Merkmale messbar und finanziell so gut wie möglich stabil sein, damit sich der Einsatz der Werbetreibenden auch ökonomisch lohnt.

Ziel dieser Einteilungen ist es, Rezipienten zu finden, bei denen die Werbung besonders effektiv wirken und einen absatzpolitischen Erfolg erzielen soll

## 3.2 Kinder und die Bedeutung der Akzeleration

Rechtlich sind Kinder Personen, die noch nicht 14 Jahre alt sind. Der Prozess der Kindheit wird als „Lebensabschnitt des Menschen, der sich von der Geburt bis zum Beginn der Geschlechtsreife erstreckt" beschrieben, wobei sich dieser in die

„Säuglings- (1 Jahr), Kleinkind- (2.-5. Jahr) u. Schulkindzeit (6.-14. Jahr)" unterteilen und sich stark von Wachstums- und Entwicklungsvorgängen bestimmen lässt *[Universallexikon, 2003, S.468]*.

Schenk- Danzinger *[1993, S.17 ff.]* beschreibt die Entwicklung des Kindes als einen „komplexen, fortschreitenden Prozess von Wechselwirkungen zwischen der strukturellen Reifung, den individuell genetischen Anlagen, den Umwelteinflüssen, und der Art und Intensität der individuellen Selbststeuerung".

Piaget *[1987, S.40, 190]* untergliedert die Entwicklungsphasen des Kindes in das Säuglingsalter *[S.40, 189]*, in das Kleinkindalter *[S.189]*, in die spätere Kindheit *[S.190]* und in die Adoleszenz *[S.190, 250]*.

Besonders Kinder im  Kleinkindalter sind nur eingeschränkt dazu fähig, „den Handlungsablauf von - auch speziell für Vorschulkinder konzipierten - Fernsehsendungen zu verstehen und zu ordnen" *[Winter, 1983, S.13]*.
Die Entwicklung von „interindividuellen" Gefühlen und das Auftreten von Empfindungen, als auch die Steuerung von Interessen und Werten sind charakteristisch für diese Altersphase.

Die spätere Kindheit, die auch durch die Schulfähigkeit des Kindes gekennzeichnet ist, wird vom siebten bis zum zwölften Lebensjahr eingegrenzt und vom Beginn des logischen Denkens bestimmt *[Piaget, 1987, S.190]*.  In dieser Phase wird die „soziale und geistige Egozentrik des Kindes" *[Schenk- Danzinger, 1993, S.131, 142ff.]* durch eine realistische Weltauffassung ersetzt. Die Suche nach der Gemeinschaft und der Gruppenzugehörigkeit und den Wertvorstellungen innerhalb dieser Gruppen wird zum hauptsächlichen Suchgegenstand.
Kinder dieser Altersstufen versuchen verstärkt einen hohen Beliebtheitsgrad innerhalb ihrer Gruppe bzw. Clique zu erlangen. Der zunehmende Einfluss der Gruppenmitglieder und die weiter zunehmende Distanz zu den Eltern ist charakteristisch für die letzte Entwicklungsphase des Kindes - die Adoleszenz. Ab dem zwölftem Lebensjahr kann nämlich die Entwicklung der Kinder durch die sog. "Peer- culture" beschrieben werden. Was "in" ist, wird in diesem Zeitabschnitt von

der Peer- group bestimmt, die sich durch eine starke Gruppenkonformität auszeichnet und dadurch die Einflussnahme durch die Eltern weiter eingrenzt.


3.3    Die Jugend


Die Jugend wird im Vergleich zur Kindheit auch als Reifezeit bezeichnet, „die mit
dem Einsetzen der Pubertät beginnt (etwa 12. Lebensjahr) u. mit der phys. u. seel.
Reife im Erwachsenenalter (etwa 20. Lebensjahr) endet" *[Universallexikon, 2003,
S.438]*. Sie stellt soz. eine Art Übergangzeit zwischen dem Beginn der Pubertät
und dem Stadium des Erwachsen - Seins dar. Grundlegende Merkmale dieser
Lebensphase sind die Entwicklung der Geschlechterrollen, der Drang nach
Unabhängigkeit und ein eigenes Wertesystem *[Lange / Didszuweit,1997, S.66]*.

Die jugendliche Generation wird nicht ohne Grund als hedonistische Generation
bezeichnet, denn laut einer Studie der Jugendzeitschrift Bravo *[in: Lange / Didszuweit, 1997, S.67 f.]* sind Jugendliche 'erlebnisorientiert', zeigen Körperbe-
wusstsein, 'orientieren sich sehr stark an „Peer- groups" ' und wollen das 'Beste
aus ihrem Leben machen'. Diese Annahme wird zunehmend durch die These des
Wertewandels unterstrichen, nach welcher die traditionellen Werte verstärkt
abnehmen und Werte wie Glück, Spaß, Freundschaft usw. den Platz von Fleiß,
Arbeit und Disziplin einnehmen.

Da die altersmäßige Abgrenzung des Jugendbegriffs von der Kindheit sowohl vom
gesellschaftlichen als auch unter anderem vom kulturellen Umfeld abhängig ist,
kann und soll keine genaue Begriffsabgrenzung erfolgen. Denn Kind ist nicht
gleich Kind und ein Jugendlicher muss auch nicht gleich Jugendlicher sein.
Während nämlich „in vielen afrikanischen Ländern 30- bis 35-Jährige noch als
Jugendliche angesehen" werden, bedeutet die Ehe in anderen Gesellschaften
„das Ende der Jugend, was durchaus im Alter von 14 Jahren sein kann" *[Jessen,
2/2003, S. 29]*.

Eine allgemeine Bezeichnung für beide Lebensphasen finden Kommer und
Meister *[2002, S.843]*, indem sie Kinder und Jugendliche als „autonome Subjekte
in eigenen Welten", die sich durch eine „Selbstsozialisation" und die sich in

verschiedene „Kindheiten" einteilen lassen, bezeichnen. Diese Erkenntnis lässt die Annahme zu, dass Kinder als auch Jugendliche keineswegs je eine homogene Gruppe darstellen, wie viele annehmen, da sie sich sowohl in ihren Interessen, als auch in ihrer durch die sozialökologische Umgebung bedingte Erziehung und Entwicklung unterscheiden können. Schon innerhalb weniger Jahre kann es nämlich im Lebensabschnitt der Kinder zu großen Unterschieden in Bezug auf ihre Konsumgewohnheiten und Interessen kommen.

Wird also im Folgenden von Kindern und Jugendlichen die Rede sein, kann nicht immer eindeutig zwischen ihnen abgegrenzt werden, da es sehr problematisch ist, sowohl Kindheit als auch Jugend allein über das Alter zu definieren.

Mit Hilfe der von Robertson, Zielinski und Ward *[1984, S.142]* zusammengefass-ten Ergebnisse wird anhand von Konsumwünschen, die seitens von Kindern geäußert wurden, jedoch gut deutlich, dass sich bereits eine Entwicklung des "Kleinen" in einen Jugendlichen erkennen lässt, bzw. dass sich das ansteigende Alter sichtlich bemerkbar macht. Während Kinder von drei bis vier Jahren hohe Konsumwünsche bzgl. Spielzeug, Süßigkeiten und Essen aufstellen, verschieben sich die Konsumwünsche mit fünf bis sieben Jahren  hingegen zugunsten der Kleidung und der Ernährung. Mit zunehmendem Alter nehmen die Wünsche nach Süßigkeiten und Spielzeug ab, wohingegen die Produktkategorie Kleidung mit den darauffolgenden Jahren immer mehr an Bedeutung gewinnt.

Da sich dieses Buch auf Werbung mit dem Schwerpunkt Kinder bezieht, aber dennoch Jugendliche mit ähnlichen oder den gleichen Konsumwünschen im Blickfeld dieser Arbeit auftreten können, wird darauf verwiesen, dass sie im weiteren Verlauf nicht immer getrennt, sondern als Ganzes unter der Kategorie "Kinder" betrachtet werden, wobei natürlich auch Ausnahmen auftreten können.

3.4    Das Verschwinden der Kindheit

Nickel *[1997,S.125]* berichtet von einem erheblichen Wandel der heutigen Kinder-welt im Vergleich zur Kinderwelt der heutigen Erwachsenen. Da seiner Meinung nach die heutige Kindheit nicht mehr mit der von den heutigen Erwachsenen vergleichbar ist, sollten Erwachsene „nicht mehr ihre eigene Kindheit als Maßstab für Kinder- und Jugendpolitik anlegen, sondern die Veränderungen wahrnehmen" [Nickel, 1997, S.128].

Bereits der altersmäßig frühe Erwerb einiger sozialer Kompetenzen und Rollen ist nach Vollbrecht [1998, S.188-195] als Grund für eine Vorverlagerung der Jugend ins Kindesalter zu sehen.

Und auch nach der Postmanschen Theorie [1983, S.89], dem „Verschwinden der Kindheit", ist eine Trennung zwischen Kindheit und Erwachsenenalter nicht mehr klar zu erkennen. Als Ursache dafür sieht er die neue Form des unmittelbaren Zugangs zu den Massenmedien. Danach wird jedes Kind durch die Unentrinnbarkeit der Medien miteinbezogen, so dass Teile der Erwachsenenwelt, die den Kindern früher verborgen blieben, nun auch ihnen vollständig zugänglich gemacht werden. Besonders das Fernsehen, das er als Hauptursache für das Verschwinden der Kindheit beschuldigt und für diese neue Entwicklung verantwortlich macht, tritt in den Mittelpunkt seiner Kritik. Dieser sei dafür verantwortlich, dass sich Kinder nicht mehr wie früher langsam und schrittweise zu Erwachsenen entwickeln könnten [1983, S.93], indem sie erst Lesen lernen müssen, um an Informationen zu gelangen. Diese Grundlage wird vom Fernseher (als auch vom Computer) entzogen, denn um fernzusehen, braucht man nicht unbedingt lesen zu können. Er ist für jeden zugänglich und die Flut an Bildern genügt im Allgemeinen, um den Informationsdurst zu löschen. Postman folgert aus dieser Entwicklung, die Verwischung der Grenze zwischen Erwachsenen und Kindern, mit der Folge, dass sich die Kindheit nicht mehr bewahren lässt, wobei die Eltern dadurch zusätzlich einen Autoritätsverlust fürchten müssen und alle letztlich der gleichen Generation angehören.

Zu allem Übel scheint die Verschmelzung beider Generationen seiner Ansicht nach dazu zu führen, dass die kindliche Neugier vollständig verschwindet und durch die Verschmelzung beider Welten, die von den ungelüfteten Geheimnissen ausgehende Spannung abnimmt und an die Stelle der Neugier „Zynismus oder, schlimmer noch, Arroganz" tritt [Postman, 1983, S.107].

So kann man Kinder nach dem Postmanschen Theorieansatz immer mehr zu den „kleinen Erwachsenen" zählen. Die Existenz der Kindheit wird seiner Ansicht nach extrem bedroht und scheint kaum mehr gerettet werden zu können, denn „wenn wir Kindern in großem Umfang Erwachsenenwissen aushändigen, dann kann und wird die Kindheit nicht überleben" *[Postman, 1992, S.104]*.

Nicht ohne Grund wird die heranwachsende Generation nach dem Schriftsteller Douglas Coupland in seinem Buch „Generation X" auch als solche bezeichnet. Die Heranwachsenden werden nach dieser Definition mit einer mathematischen noch unbekannten und zu ermittelnden Größe assoziiert. Schmidt *[3/95, S.27ff.]* beschreibt die Größe X als eine Generation, „die sich in der Identifikation durch die anderen verweigert, nicht in die Schublade passt, die aufgefächert ist in unterschiedliche Submilieus, Lebenskonzepte, Geschmacksrichtungen". Sie zeichnet sich jedoch als eine mit Freude und Spaß an Genuss orientierte lustvolle und hedonistische Generation aus *[nach: Bravo Jugend- Marktreport, S.10ff.]*.

Es scheint jedoch festzustehen, dass sich die Kindheit immer mehr zugunsten der Medien entfaltet. Sie zeichnet sich durch Kultur- und Kontextgebundenheit aus, was auch beinhaltet, dass „Kinder heute als Konsumenten ernstgenommen werden, und insbesondere die Medien den Kindern eigene Lebensstile (bezogen auf Freizeit und Konsum) zugestehen *[Vollbrecht, 1998, S.188-195]*. Indem Kinder ihre eigenen Entscheidungen und Standpunkte selber vertreten können, wird ihnen dadurch viel mehr zugetraut als früher.

3.5    Die Peer- group

Das frühe Ende der Kindheit und der Beginn der Jugendzeit scheinen in fast allen Fällen von einer zentralen Frage begleitet zu werden - von der Frage nach der Zugehörigkeit und der Selbstfindung. Die Kinder begeben sich auf die Suche nach ihrer Identität, nach einem Gefühl, Teil einer Zusammengehörigkeit zu sein. Nicht selten sind es in diesem Fall die gleichaltrigen Freunde, die einem diese Gefühle vermitteln können.

Die eigene Clique bzw. Peer- group, die sich äußerlich oft durch einen uniformen Kleidungsstil zu erkennen gibt, stellt nicht nur eine Bezugsgruppe gleichaltriger Kinder und Jugendlicher dar, sondern bewirkt bei ihnen ein starkes Selbstbewusstsein, als auch Wohlbefinden, Akzeptanz und Zusammenhalt. Eigenschaften, die die Heranwachsenden in ihrer Entwicklung bei ihren eigenen Familienmitgliedern nicht antreffen können. Sie machen sich also auf die Suche nach den Menschen, die sich vielleicht in einer ähnlichen Situation befinden: die gleichaltrig sind, gleiche Interessen und Vorlieben haben und die sie in ihren Wünschen, Problemen, Meinungen usw. verstehen und sich vielleicht auch hineinversetzen können. Natürlich steigt dadurch der Kontakt zueinander und die Einflussnahme aufeinander nimmt gleichzeitig stark zu. Dabei distanzieren sich die Kinder - wie bereits beschrieben - immer mehr von ihren Eltern, die sie ihrer Ansicht nach oft nicht verstehen können.

Anders als bei den Eltern ist die eigene Clique genaustens darüber informiert, was zur Zeit "in" ist und was nicht. Das Prinzip ist ganz einfach: Man trägt, was die Clique trägt, man hört (Musikrichtung), was die Clique hört und man artikuliert sich, wie es auch in der Clique "angesagt" ist. Dass auch die Peer- group einen Einfluss auf das Konsumverhalten und auf die Nutzung der Medienwelt ausübt und wie dieser aussieht, wird in den folgenden Kapiteln noch ausführlich dargestellt.

3.6     Fazit

Wie in diesem Kapitel festgestellt werden konnte, sind die Begriffe Kinder und Jugendliche mittlerweile nicht mehr eindeutig definierbar. Es lassen sich auch keine klaren Grenzen mehr zwischen Kindheit und Jugendalter ziehen. Die Grenzen scheinen vielmehr ineinander verschmolzen zu sein, was sich wie bereits erwähnt, in den Interessen, Neigungen und Vorlieben der Heranwachsenden widerspiegelt.

Den Werbestrategen stellt sich somit eine große Herausforderung. Um sich einen Einblick hinter die kindlichen Kulissen zu verschaffen, untersuchen Werbefachleute u.a. die Freizeitgestaltung der Kinder, die Gegenstand des nächsten Kapitels sein soll.

# 4 Freizeit - Medien - Grenzen der Werbung

## 4.1 Freizeitgestaltung von Kindern

Die Veränderung der Kindheit spiegelt sich nicht unlängst in ihrer Freizeitgestaltung wider. Diese dem Einzelnen zur Verfügung stehende freie Zeit bietet Kindern nicht nur die Möglichkeit, ihren eigenen Interessen nachzugehen, sondern ermöglicht gleichzeitig auch eine zeitlich begrenzte Loslösung von Alltagspflichten und –zwängen. Die freie Verfügung über die Zeit stellt demnach „ein wichtiges Element der Erholung, Besinnung und Identitätsstabilisierung" *[Baacke, 1997, S.62]* dar.

Die Freizeit wird dabei seitens der Freizeitforschung durch zwei Merkmale bestimmt. Während nach der sog. positiven Begriffsbestimmung der Freizeit „der Handlungsraum...über den nach persönlichen Wünschen verfügt werden kann" *[Nahrstedt, 1988, S.60]* die Zeit verstanden wird, in welcher jeder individuell und frei bestimmen kann, was er tun und erleben will, wird unter der negativen Begriffsbestimmung die Freizeit nur noch als eine Art Restgröße gesehen. Freizeit ist danach das, was übrig bleibt, wenn man die Arbeitszeit und andere notwendigen Tätigkeiten von der gesamten frei zur Verfügung stehenden Zeit abzieht. Und trotzdem ist die Restgröße immer noch nicht als reine Freizeit anzusehen, denn sie beinhaltet dieser Theorie nach noch viele weitere Verpflichtungen und Zeitopfer.

Die freie Zeit, in welcher Kinder ihre eigenen Erfahrungen sammeln und sich mit Gleichaltrigen treffen können, ist nach Baacke jedoch extrem gefährdet. Denn Kinder werden seiner Ansicht nach immer mehr aus öffentlichen Räumen, in denen sie einst auf Gesellschaft, Unterhaltung und Zeitvertreib antreffen konnten, verdrängt und isoliert. Der Lebensraum der Kinder wird dadurch stark eingegrenzt, was den Bewegungsraum von Kindern enorm reduziert.
Diese Entwicklung bezeichnet Baacke als „Verinselung des Lebensraums" *[1997, S.63]*, wobei Berg *[1991, S.107]* noch einen Schritt weitergeht und „Kinder zu Opfern von Domestizierungen" erklärt, als Folge der Privatisierung des Kindseins.

Im Gegenzug zur oben beschriebenen Domestizierung und Privatisierung der Kindheit lässt sich jedoch ein deutlicher Trend an breitgefächerten Freizeitangeboten und tiefgreifenden Veränderungen im Freizeitverhalten von Kindern erkennen. Es ist mittlerweile schon von Freizeitstress die Rede!

Anstatt sich in der freien Zeit, die den Kindern zur Verfügung steht und vom Alltagstress übrig bleibt, zu erholen und zu entspannen, nehmen sich viele freiwillig mehr vor, als sie im Grunde realisieren können.

Mittlerweile sind es nicht mehr nur Erwachsene, die ihren Alltag mit Hilfe eines Terminkalenders zu organisieren und zu gliedern versuchen.

Besonders Kinder starten den Versuch ihre „organisierte Freizeit" *[Moser, 2000, S.96]* anhand von Terminkalendern zu gestalten.


Aus einer im Jahre 1996 durchgeführten Untersuchung bzgl. der bevorzugten Freizeitaktivitäten von Jugendlichen in der Bundesrepublik Deutschland entsprangen die folgenden Ergebnisse auf der nächsten Seite.

Die Rangfolge der angegebenen Prozentwerte ergibt sich dabei aus der Anzahlhäufigkeit des Statements "mache ich häufig".

| Freizeitaktivitäten | Insgesamt (%) | Männlich (%) | Weiblich (%) |
|---|---|---|---|
| Musik hören | 74 | 73 | 74 |
| Mit Freunden klönen, diskutieren | 61 | 53 | 69 |
| Entspannen, Ausruhen, nichts tun | 49 | 46 | 50 |
| Fernsehen | 45 | 45 | 45 |
| Parties besuchen | 39 | 42 | 36 |
| Bücher lesen | 31 | 20 | 42 |
| Ins Kino gehen | 30 | 27 | 33 |
| Zeitschriften/ Zeitungen lesen | 29 | 27 | 31 |
| Aktiv Sport treiben | 28 | 37 | 20 |
| Durch Straßen und Läden bummeln | 28 | 17 | 39 |
| Besuch einer Jugendgruppe | 19 | 21 | 17 |
| Cafés und Eisdielen besuchen | 16 | 11 | 20 |
| Malen, Zeichnen | 14 | 10 | 18 |
| Am Computer arbeiten | 14 | 18 | 10 |
| Musikinstrument spielen | 14 | 17 | 11 |
| Videos anschauen | 14 | 16 | 11 |
| Konzerte und Theater besuchen | 13 | 10 | 16 |
| Video-, Computerspiele spielen | 12 | 22 | 3 |
| Wandern, Spazieren gehen | 11 | 4 | 18 |
| Gesellschaftsspiele spielen | 7 | 7 | 7 |
| Comics lesen | 6 | 10 | 3 |
| Weiterbildung in Kursen | 3 | 3 | 3 |

Tabelle 1: Freizeitaktivitäten

Die vollständige Tabelle ist entweder der unten angegebenen Quelle oder unter der Internet- Adresse *http://egora.uni-muenster.de/FmG/freizeit/m0103.shtml* zu entnehmen.

Quelle*: Lange, Elmar. Jugendkonsum in Wandel. Konsummuster, Freizeitverhalten, soziale Milieus und Kaufsucht 1990 und 1996. Opladen 1997, S.92.*

Um die Freizeitaktivitäten in Abhängigkeit der Medien in einem engeren Blickfeld näher betrachten zu können, soll im Folgenden die Mediennutzung von zwölf- bis 19 - Jährigen einen tabellarischen Überblick verschaffen.

| „mindestens mehrmals pro Woche" (in %) | 1998 insgesamt (n=803) | 2000 insgesamt (n=1200) | 2000 Weiblich (n=584) | 2000 Männlich (n=616) |
|---|---|---|---|---|
| Fernsehen | 95 | 93 | 92 | 93 |
| CD' s oder Musikkassetten hören | 94 | 92 | 92 | 92 |
| Radio hören | 85 | 84 | 89 | 80 |
| Einen PC bzw. Computer benutzen | 48 | 60 | 49 | 70 |
| Zeitung lesen | 59 | 59 | 59 | 59 |
| Zeitschriften bzw. Magazine lesen | 49 | 45 | 46 | 44 |
| Bücher lesen | 38 | 36 | 47 | 25 |
| Videos ansehen | 23 | 20 | 17 | 23 |
| Hörspielkassetten hören | 13 | 12 | 17 | 8 |
| Comics lesen | 12 | 11 | 7 | 14 |
| Ins Kino gehen | 1 | 3 | 3 | 3 |

Tabelle 2: Mediennutzung

Aus: *Feierabend /Klingler: Jugend, Information, (Multi-)Media 2000, aktuelle Ergebnisse der JIM- Studie zum Medienumgang Zwölf- bis 19- Jähriger, in: Media Perspektiven 11/2000, S.519.* (Vgl. auch: *http://www.ard-werbung.de/MediaPerspektiven*)

Wie aus der obigen Tabelle ersichtlich wird, steht die Nutzung von Medien in engem Zusammenhang mit den von Kindern und Jugendlichen bevorzugten Freizeitaktivitäten. Besonders Fernsehen und Musik hören scheinen zu den beliebtesten Freizeitbeschäftigungen von Kindern zu gehören. Opaschowski *[1995]* berichtet in diesem Zusammenhang, dass bereits „18jährige im Laufe ihres Lebens mehr Zeit vor dem Fernsehschirm (rund 13000 Stunden)...als in der Schule (rund 12000 Stunden)" verbracht haben. Die Bedeutung der Medien in Zusammenhang mit den Veränderungen im Freizeitverhalten von Kindern/ Jugendlichen, und mit den verschiedensten Freizeitangeboten, spielt eine zunehmend zentrale Rolle und scheint eine wachsende Bedeutung für die Gestaltung der Freizeit zu haben.

Nicht ohne Grund wird Freizeit nach Baacke auch als „Medienzeit" *[Baacke, 1997, S.60]* bezeichnet, denn die Hälfte ihrer frei zur Verfügung stehenden Zeit verbringen Kinder und Jugendliche mit verschiedenen Formen von Medien *[Baacke / Lauffer 1995, S.236ff.].*

Medien sind mittlerweile allgegenwärtig und bereits zu einem festen Bestandteil verschiedenster Freizeitaktivitäten geworden.

Wie Kinder ihre Freizeit gestalten, und dass die Mediennutzung von Kindern und Jugendlichen einen großen Teil ihrer Freizeitaktivitäten ausmacht, konnte in den oben angegebenen Tabellen anschaulich gemacht werden.

Doch welche besondere und wichtige Rolle spielen dabei die Medien? Wie werden sie im Alltag genau genutzt und vor allem welche Funktion wird ihnen im Zusammenhang mit der Werbung zugesprochen?

## 4.2    Medien

Kinder werden heute mit verschiedenen Medien groß. Waren es früher fast ausschließlich nur Spielzeuge, die ein Kinderzimmer schmückten, sind mittlerweile Medien, die sog. Vermittler von Informationen, Meinungen, Normen und Werten, zum Bestandteil der heutigen Kinderkultur geworden.

Nach Glogauer *[1995, S.14]* sind bereits viele der heutigen Kinderzimmer mit verschiedenen Werbeträgern ausgestattet. So besitzen bereits 52,4% der sechs- bis achtjährigen Kinder ein Radio, 15,5% einen Fernseher, 5,5% einen Videorecorder und 21,3% einen Kindercomputer, wohingegen neun- bis zehnjährige schon zu 61,9% über ein Radio, 34,0% über einen Fernseher, 14% über einen Videorecorder und 28,8% über einen Kindercomputer verfügen.

So ergab bereits eine im Jahr 1993 in Nordrhein- Westfalen mit 1300 Kindern durchgeführte Umfrage, dass jedes dritte Kind zwischen sechs und 13 Jahren bereits einen eigenen Fernseher besitzt, jedes zehnte sogar über einen eigenen Computer verfügt und fast jedes zweite Kind Besitzer eines Radiorecorders ist. Zusammenfassend befinden sich in rund 91% aller Kinderzimmer eine Unterhaltungselektronik *[Kommer, 1996, S.121]*.

Die Mediennutzung scheint in engem Zusammenhang mit den von den Kindern bevorzugten Freizeitaktivitäten zu stehen. Im Umgang mit Medien, die besonders für Kinder ein wichtiges Transportmittel zur Verbreitung von aktuellen Trends darstellen, agieren Kinder sehr aufgeschlossen und zeigen auch eine hohe Innovationsbereitschaft.

Die sich ständig wandelnde Medienwelt wird gestützt und vermittelt von den sog. Werbeträgern. Diese dienen sozusagen als Transportmittel für Informationen und stellen eine Art Brücke zwischen den Werbenden und den Umworbenen dar. Dabei werden die Werbeträger in drei Kategorien unterteilt. Während die Druckmedien u.a. Zeitungen, Zeitschriften umfassen, werden Werbeträger wie das Fernsehen, das Radio, das Internet und das Kino den elektronischen Medien zugeschrieben. Die sog. Außenwerbung, die die dritte Kategorie darstellt, umfasst Plakatwände, Schaufenster und noch vieles mehr *[Behrens, 1996, Abb.: 3.19 "Einfache Klassifikation der Werbeträger"]*.

In den nächsten Kapiteln soll der Hauptaugenmerk bei den elektronischen Medien und den Druckmedien liegen, wobei der Fernseher als Schwerpunkt näher behandelt wird.

Besonders auf die Frage, welche Medien den Kindern als Werbeträger einfallen bzw. woher sie Werbung kennen, wird der Fernseher an erster Stelle genannt. Dieses Antwortverhalten und die Tatsache, dass mit zunehmendem Alter der Kinder auch mehr Werbeträger genannt werden, zeigt die unten dargestellte Tabelle, wonach 1617 Kinder in verschiedenen Altersgruppen befragt wurden.

Offene Frage ohne Antwortvorgabe. Mehrfachantwort möglich. Prozentangaben.

| Woher kennst du Werbung? | Gesamt | Alter in Jahren | | | | |
|---|---|---|---|---|---|---|
| | | 6 | 7-9 | 10 | 11 | 12-13 |
| Fernsehen | 94,6 | 86,6 | 91,5 | 96,7 | 99,0 | 99,1 |
| Radio | 28,4 | 10,1 | 16,7 | 36,4 | 69,1 | 39,5 |
| Plakate | 12,9 | 3,6 | 6,6 | 17,0 | 22,1 | 13,2 |
| Zeitungen | 7,4 | 4,0 | 2,9 | 9,4 | 10,3 | 11,4 |
| Zeitschriften | 5,6 | - | 1,2 | 7,6 | 9,3 | 10,9 |
| Geschäfte | 1,7 | - | 0,5 | 2,7 | 3,1 | 2,3 |
| Computer | 0,3 | - | 0,2 | 0,3 | 0,5 | 0,5 |
| Sonstiges | 3,6 | 1,2 | 1,9 | 5,2 | 5,1 | 3,6 |

Tabelle 3: Woher kennst du Werbung? *[Kommer /Meister, 2002, S.847.]*

4.2.1  Der Fernseher - das Fenster zur Welt

Parallel mit dem Siegeszug der Werbung eroberte mit der Zeit auch der Fernseher die Wohn- und Kinderzimmer. Er zählt heute zu den bedeutendsten Medien und Werbeträgern überhaupt. Seit der Einführung des Privatfernsehens Mitte der Achtziger Jahre kam es dabei zu einem verstärkten Angebot von Kinderprogrammen für Kinder.

98,2 % aller Haushalte in Deutschland besitzen einen Fernseher. Auch die Zahl von Kindern, die einen eigenen Fernseher besitzt, ist in letzter Zeit deutlich angestiegen. Im Jahre 1997 machten es schon 55,8 % aller Kinder und Jugendlichen aus *[vgl. van Eimeren / Maier- Lesch, Nr.11/1997, S.594]*.

Fernsehen zählt heute zu den beliebtesten Tätigkeiten von Kindern, so dass es nicht verwunderlich ist, dass das Fernsehen mit einer durchschnittlichen Fernsehdauer von ca. 104 Minuten *[Klingler und Windgasse, 1994, S.2-13]* in der Freizeit von Kindern einen großen Anteil annimmt.

Eine in den USA durchgeführte Untersuchung ergab, dass im Durchschnitt 16 Produktwerbungen auf eine Stunde Fernseh- Kinderprogramm entfallen, was bei einer mittleren Fernsehnutzung eines Kindes über ein Jahr ungefähr 30000 Werbespots ausmacht *[Baacke, 1997, S.91]*. Eine im Jahre 1993 durchgeführte Untersuchung, die die Anzahl von ausgesendeten Werbespots beim Sender RTL an einem Wochentag und an einem Wochenende untersuchte, ergab, dass während des Kinderprogramms innerhalb der Woche 40 Werbespots gesendet wurden, wohingegen am Wochenende ganze 210 Kinder- Werbespots ausgestrahlt wurden *[Neumann- Braun / Erichsen, 1995, S.23-45]*.

"Die meisten Kinder sehen allerdings dann fern, wenn keine expliziten Kinderprogramme gesendet werden: Rund 1,5 Millionen Kinder schauen sowohl sonn- wie wochentags zwischen 18 und 20 Uhr fern, und bis zu zwei Millionen Kinder beschäftigen sich am Samstagabend von 20 bis 22 Uhr mit dem Fernsehen" *[Neumann- Braun / Erichsen,1995, S. 27]*.

Während bei einem täglichen Fernsehkonsum rund 80% der vier- bis 14jährigen Kinder sich verschiedene Programme, Sendungen oder Spielfilme etc. anschauen, werden die "Kleinen" werktags schon ab 6.00 Uhr morgens mit Unterhaltung seitens der Sender versorgt *[Lange / Didszuweit, 1997, S.58].*

### 4.2.1.1  Die Faszination des Fernsehens

Nachdem einige Daten zur Fernsehnutzung von Kindern aufgezählt wurden, stellt sich aber eine grundlegende Frage: Warum fernsehen Kinder überhaupt so gern? Was ist so faszinierend an der „Droge im Wohnzimmer" *[vgl. Winn, 1979]?*

Zur näheren Anschauung wird im folgenden Abschnitt der Gemützustand eines Kindes beschrieben:
Nach einem langen Schultag kommt das Kind nach Hause. Es hat Hunger, ist leicht müde und fühlt sich vom Unterricht in der Schule erschöpft. Draußen regnet es in Strömen, außerdem kann es nach dem Essen nicht zu seinem Freund, weil dieser krank im Bett liegt. Es überlegt also, was es am Nachmittag unternehmen soll. Lesen? Vielleicht ein paar Übungsaufgaben machen? Nun, dazu fühlt es sich zu müde und von den Hausaufgaben, die er direkt nach dem Mittagessen erledigen musste, völlig ausgelaugt. Während es sich gemütlich auf der Couch niedergelassen hat, greift es fast schon automatisch zur Fernbedienung und schaltet den Fernseher ein. Und die Reise in andere Lebenswelten kann beginnen...

Der oben beschriebene Tagesablauf eines Kindes mag vielleicht ein wenig übertrieben und leicht theatralisch dargestellt worden sein, doch es fällt einem nicht unbedingt schwer, die domino- effektartigen Schrittfolgen nachzuvollziehen.

Der Fernseher erhält in der oben beschriebenen Situation soz. eine unterhaltende Funktion. Und genau als solcher wird der Fernseher auch von vielen Kindern wahrgenommen. Kinder sehen fern, wenn ihnen danach ist und auch entsprechende Zeit dafür haben. Der Fernseher bereitet ihnen viel Spaß und Freude und ist zudem „spannend und lustig" *[RTL Television, 1996, S.13].*

Der Fernseher zwingt einen nicht, tiefgründig nachdenken zu müssen, wenn man es nicht will. Und im Gegensatz zum Musikrecorder spricht der Fernseher sowohl das Ohr als auch das Auge an, was ihn im Gegensatz zu den anderen Medien noch attraktiver macht. Und auch für die Musikliebhaber unter den Kindern sorgt der Fernseher bestens aus. Denn anstatt sich Lieder im Radio anzuhören, schaltet man im Fernsehen lieber einen der angebotenen Musikkanäle ein, wo man sich zusätzlich die Videoclips mit den Liedern anhören und zugleich anschauen kann. Dem schnellen Wechsel von Bildern und ihren bunten Szene- Inszenierungen scheinen vor allem Kinder hypnoseartig zu verfallen.

Durch schnelle Schnittfolgen wird im Fernsehen nicht nur für Spannung und Unterhaltung gesorgt, die bildlichen Inszenierungen wecken zudem das Interesse und bilden auch ein starkes Involvement.

Abgesehen davon ist der Fernseher voll von Informationen und neuen Trends. Da sich die Interessen und Vorlieben vieler Kinder sehr schnell und oft sprunghaft wandeln, spielt der Fernseher besonders für die Kinder, die einer Peer- group angehören eine entscheidende Rolle. Schnell werden sie nämlich vom Fernseher darüber informiert, was "in" und "trendy" und was hingegen wieder "out" ist. So erhält der Fernseher auch eine informierende Rolle und bietet den Kindern eine Art Gesprächsstoff. All diese Gründe sind es, die Kinder dazu bringen, fernzusehen. Ein weiterer wichtiger Grund, warum Kinder gern fernsehen und was sie an diesem besonders fasziniert, ist die Möglichkeit, sich in bestimmten Fällen mit Medienfiguren zu identifizieren und somit in andere Welten, Zeiten und Träume einzutauchen. Dort lassen Kinder ihrer Phantasie oft freien Lauf: Sie kämpfen gegen Piraten, spielen mit Tom und Jerry, flüchten als Dalmatiner um ihr Leben und verlieben sich in eine(n) Prinzen/Prinzessin. Sie empfinden Momente emotionaler Spannung und Höhepunkte, leben und kosten sie dort aus, da sie wissen, das diese unbegrenzte Möglichkeit in der Realität nicht gegeben ist.


4.2.1.2    Die Funktionen des Fernsehens nach Ansicht der Kinder


Außer dem informierenden und unterhaltenden Charakter des Fernsehens gibt es noch weitere Funktionen, die in einer von C. von Feilitzen *[1976,S.97ff.]* in Schweden durchgeführten empirischen Studie, in welcher drei- bis 15jährige  Kinder befragt wurden, zu fünf Gruppen zusammengefasst wurden.

Während die „unterhaltende oder emotionale Funktion" Grundbedürfnisse, wie Entspannung, Erholung und Zeitvertreib, bei dem Akt des Fernsehens, verspricht, soll die „informative oder kognitive Funktion" wie der Begriff schon sagt, informieren und Denkanstöße als Voraussetzung für die freie Entfaltung der Phantasie bieten.

Sowohl die bereits angesprochene Identifikation mit verschiedenen Werbefiguren als auch die Gesprächsstoff anbietende Funktion des Fernsehers werden unter der „sozialen Funktion" zusammengefasst. Die „nichtsoziale oder Flucht- Funktion" stellt nach Meinung der Kinder einen Zufluchtsort für sie dar, in der sie sich jederzeit verstecken können.

Die fünfte sog. „medienspezifische Funktion" bezieht sich allgemein auf die Nutzung des Mediums zu bestimmten Zeiten, an bestimmten Orten usw.

## 4.2.1.3    Das Fernsehverhalten von Kindern

Mit keinem anderen Medium kann eine so hohe Reichweite erzielt werden, wie mit dem Fernseher. Und bevor im weiteren das Fernsehverhalten von Kindern besprochen werden soll, wird noch ein kurzer Blick auf die folgenden Daten geworfen, um sich einen Überblick darüber zu verschaffen, was sich Kinder überhaupt anschauen. Zu beachten ist jedoch, dass die Fernsehnutzung von Kindern je nach Alter, Geschlecht und geographischer Herkunft variieren kann *[Feierabend / Klingler, Nr.4/1999, S.174]*.

Bei einer Befragung von österreichischen Kindern stellte man fest, dass 87% der sechs- bis 14jährigen lustige Filme öfters anschauen, während 86% die Zeichentrickfilme, 80% Tiersendungen, 79% Quizsendungen bevorzugen, gefolgt von ganzen 73%, die Werbung öfters bevorzugt anschauen *[Fessel & GfK, 1979, Heft 3]*.

61% aller drei- bis 13jährigen Kinder verbrachte im Jahre 1999 im Durchschnitt 97 Minuten vor dem Fernsehgerät *[Media Perspektiven, 4/98, S.168, Tabelle1]*.

Dass die Fernsehzeit der Grundschüler länger als ihre Schulzeit ausfällt, ist nicht gerade verwunderlich, wenn bereits 35 % der Kinder von sechs bis sieben Jahren täglich fernsehen. Dies entspricht in einer Woche ungefähr 30 Stunden, die Kinder vor dem Fernseher verbringen *[Glogauer, 1995, S.28f.]*. Es hat sich dabei auch herausgestellt, dass vor allem Kinder mit eigenen Fernsehgeräten zu den sog. Vielsehern zählen. Kinder, die sehr wenig Zeit (weniger als fünf Minuten pro Tag) mit Fernsehen verbringen, scheint es fast gar nicht mehr zu geben, „ihr Anteil liegt bei 1,4 Prozent" *[Feierabend / Klingler, Nr.4/1999, S.176]*. In einer weiteren Studie von Glogauer *[1995, S.28f.]* wurde untersucht, welche Kinder-, Vorabend-, Abend- und Spätabendprogramme von sechs- bis achtjährigen Kindern gesehen werden. Dabei wurde festgestellt, dass sie abgesehen von einigen Kindersendungen auch für Erwachsenenprogramme sehr stark zu begeistern sind.

Das zeitliche Ausmaß des Fernsehkonsums von sechs- bis achtjährigen Kindern kann man sich dabei wie folgt vorstellen:
Während das zeitliche Ausmaß des Fernsehens bei Exzessivsehern 20 % beträgt, sind es bei Vielsehern 35 %, den Durchschnittssehern 23 %, den Wenigsehern 16 % und bei den Nichtsehern beträgt es 6 % *[Glogauer, 1995, S.28f.]*. Es ist zu erwarten, dass die Zahl der Kinder, die exzessiven Fernsehkonsum betreiben, in Zukunft aufgrund der Anschaffung von eigenen Fernsehgeräten noch weiter ansteigen wird. Hurrelmann *[1989, S.48, S.117]* untersuchte auch in diesem Zusammenhang die Veränderungen der Sehzeiten in verkabelten Haushalten als auch in solchen Haushalten, die sich nur mit öffentlich- rechtlichen begnügen. Es ist nicht gerade überraschend, dass in verkabelten Haushalten durchschnittlich mehr ferngesehen wurde. Dass aber schon bis zu dreijährige Kinder durchschnitt- lich doppelt so viel fernsehen als sonst, ist eine gravierende Veränderung.

Zusammenfassend kann man auch sagen, dass Kinder einen zunehmend selb- ständigen Umgang mit dem Fernsehen aufzeigen. Dies bestätigen auch Untersu- chungen im Jahre 1978, wonach bereits 36% der drei- bis fünfjährigen Kinder das Fernsehgerät selbst einschalten konnten *[ZDF Schriftenreihe, 1978, S.14]*.
Anhand einer Gegenüberstellung des täglichen Fernsehverhaltens von österrei- chischen *[Fessel & GfK, 1979, S.7ff.]* und amerikanischen *[Adler / Faber, 1980, S.15; Banks, 1980, S.49f.]* Kindern ergaben sich die folgenden Zahlen, die jedoch mit einem kritischen Blick zu würdigen sind, da die Angaben sicherlich nicht mehr mit den heutigen Werten übereinstimmen und bereits längst überholt sind.

Ungefähr 38% der sieben- bis neunjährigen Kinder verbringt die Zeit zwischen 18 und 19 Uhr vor dem Fernseher und ganze 37% der Sieben- bis14jährigen sieht nach 20 Uhr noch fern *[Kaplitza, 1980, S.16ff.]*. Der wichtigste Fernsehtag der Woche ist dabei „quantitativ betrachtet – für Kinder der Samstag, allerdings nur, wenn man die Sehdauer als Indikator zugrunde legt" *[Feierabend / Klingler, Nr.4/99, S.177]*. Dies kann nur bestätigt werden, wenn man nur den Samstag betrachtet. Demnach verbringen ganze 50% der zwei- bis elfjährigen Kinder in den USA ihre Zeit am vormittag im Banne des Fernsehgerätes. Das ist nicht allzu verwunderlich, wenn man sich auch in Deutschland am Samstag vormittag vor den Fernseher setzt und sich die Kinderprogramme auf den verschiedenen Kanälen (wie z.B. die Zeichentrickfilme auf Sat1) anschaut. Und die ganze Woche über, besonders ab 19 Uhr, steigen die prozentualen Sehzeiten der Zwei- bis Elfjährigen sogar auf über 50% an. Dabei sehen die Sechs- bis Elfjährigen täglich durchschnittlich 3h 45 min fern *[Adler / Faber, 1980, S.15ff.; Banks, 1980, S.49f.]*, wobei man in beiden Untersuchungen und auch allgemein beachten sollte, dass sich der Fernsehkonsum aufgrund von Klimaeinflüssen stark verändern und beeinflussen lässt.

Während die Nutzungsdauer des Fernsehkonsums im Sommer eher sinkt, was auf die vielen auch außerhäuslichen Beschäftigungsmöglichkeiten zu dieser Jahreszeit zurückzuführen ist, steigt er hingegen im Winter stark an. Damit es also nicht zu irgendwelchen Fehlinterpretationen bzgl. des Fernsehkonsums kommt, müssten im Grunde noch viele weitere Einflussfaktoren beachtet werden, die den Rahmen dieses Buches jedoch sprengen würden. Aus diesem Grund wird versucht, das Kapitel Fernsehverhalten so kurz wie möglich zusammengefasst wiederzugeben.


Einigkeit in allen Untersuchungen besteht in der Vorliebe der Kinder für Programme, die nicht für sie konzipiert und am Abend ausgestrahlt werden.

Ungefähr 1,5 Millionen Kinder schauen sowohl Sonn- wie auch Wochentags zwischen 18 und 20 Uhr fern, wobei sich sogar bis zu 2 Millionen Kinder am Samstagabend von 20 bis 22 Uhr durch den Fernseher unterhalten lassen *[Feldmeier, 1994, S.84-86]*.

Wie Kinderwerbung im Fernsehen aussieht und zwischen welchen Formen man unterscheiden kann, soll als nächstes behandelt werden.

4.2.1.4    Fernsehwerbung für Kinder

Für welche Branchen im Kinderfernsehen geworben wird und ob in den letzten Jahren Veränderungen nachzuweisen sind, zeigt eine von Aufenanger *[1995]* durchgeführte Untersuchung. Während im Jahr 1995 die Spielzeugbranche im Vergleich zu den anderen Branchen (Süßwaren, Medien/ Freizeit, Nahrung und Sonstige) deutlich an der Spitze war, sind es schon fünf Jahre später die Medien, für die am meisten geworben wird. Die alljährliche Werbeflut der Spielzeugbranche in den letzten beiden Monaten eines Jahres muss jedoch getrennt betrachtet werden, da diese Werbemaßnahmen auf die Weihnachtszeit zurückzuführen sind. Interessant sind in diesem Zusammenhang auch die Ergebnisse der Anteile von Kinderwerbespots am Gesamtprogramm verschiedener *Sender [Aufenanger, 1995, Diagramm 1]*, wobei auch hier zu beachten ist, dass die verstärkte Zunahme an Kinderspots im Monat November auf die lange Vorbereitungszeit für Weihnachten zurückzuführen ist.

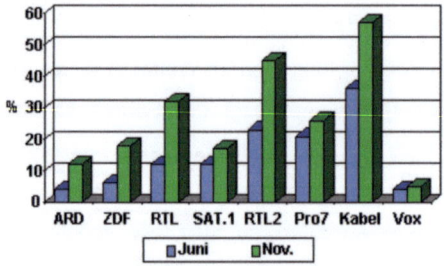

Abb. 1: Kinderwerbespot- Anteile *[Aufenanger, 1995, Diagramm 1]*

Mit welchen Mitteln die Branchen dabei in den Eroberungskampf marschieren und welche Methoden sie dabei aus ihrer Trickkiste anwenden, wird im Kapitels 5 genauer untersucht und erläutert.

Auf die Frage, wieso sich der Einzelne für Werbung interessiert, wurden in einer Studie Kinder befragt, die folgendermaßen antworteten:

1.  „weil man sieht, was es alles gibt" mit 36,5 %

2.  „weil sie lustig ist" mit 29,8 %

3. „weil Trickfiguren vorkommen" mit 25,7 %

4. „wegen der Musik" mit 22,5 %

5. „weil darin viel passiert" mit 15,3 %

6. „weil es kurze Geschichten sind" mit 11,5 %

7. „weil Kinder darin vorkommen" mit 10,7 %

8. „weil sie überraschend sind" mit 10,5 %

*[Böhme- Dürr, 1993, S.6]*

Auch die Beliebtheit der verschiedenen Fernsehsender wurde im Jahre 2000 in einer Altersgruppe von drei bis 13 Jahren näher untersucht. Danach steht der Fernsehsender Super RTL mit seinem breiten Angebot an Zeichentrickfilmen und Kinder- Quizshows für im Durchschnitt 23,3 % an erster Stelle, gefolgt von RTL II mit 13,3 %, RTL mit 9,9 %, Pro 7 mit 9,4 % usw. *[Quelle: AGF/GfK- Fernsehfor-schung, 05/2000]*. Es ist auch deutlich zu erkennen, dass mit zunehmenden Alter der Kinder die Sender (z.B. PRO 7 oder RTL) bevorzugt werden, deren Programme eigentlich auf Jugendliche und Erwachsene zugeschnitten sind *[Feierabend / Simon, Nr.4/00, S.166]*.

## 4.2.2 Printmedien

Zeitungen, Zeitschriften und Bücher gehören wohl zu den ältesten Werbeträgern, deren Wurzeln in der Erfindung des Buchdrucks liegen.

Während Zeitungen informieren, werden Zeitschriften zusätzliche Eigenschaften zugesprochen. Sie bieten den Werbefachleuten nämlich die Möglichkeit, die Zielgruppe Kinder spezifisch und direkt anzusprechen. In Deutschland werden jährlich ca. 130 Millionen Exemplare solcher kinderspezifischer Zeitschriften verkauft.

In einer im Jahre 2003 durchgeführten Untersuchung wurden die Lieblingszeitschriften und Comichefte von sechs- bis zwölfjährigen erforscht. Dabei erzielen die Kinderzeitschriften "Junior" mit 16,6 % und "Micky Maus" mit 15,5 % einen eindeutigen Vorsprung gegenüber anderen Zeitschriften. Bei einer nach Geschlechtern getrennten Untersuchung bzgl. der Vorlieben für Zeitschriften konnten deutliche Unterschiede im Lesegeschmack festgestellt werden. Bei den Jungen liegt "Micky Maus" mit 19,5 % an der Spitze, gefolgt von "Junior" (16,6 %), "Disneys Lustiges

Taschenbuch" (12,9 %), "Donald Duck Sonderheft" (10,3 %), "Benjamin Blümchen" (6,4 %) gefolgt von "Die Maus" mit 5,3 % und den "Simpsons" mit 5 %.

Der Lesegeschmack bei den Mädchen hingegen sieht anders aus. Während hier "Junior" mit 15,5 % an der Spitze steht, folgen die "Barbie" (11,4 %), "Micky Maus" (11,2 %), "Bibi Blocksberg" mit 9 %, "Wendy (Pferdemagazin)" mit 8,4 %, gefolgt von "Tiere- Freunde fürs Leben" (6,1 %), "Disneys Lustiges Taschenbuch" mit 6 % und letztlich Benjamin Blümchen" mit 6 %" *[Hansen, 2003]*.

Allgemein lässt sich aber ein Rückgang des Leseverhaltens beobachten. Auch das Umfeld, in dem ein Kind aufwächst, scheint sein Leseverhalten stark zu prägen. Während Kinder, die in Großstädten leben im Durchschnitt weniger Bücher lesen, als solche, die in ländlichen Bereichen aufwachsen, werden Illustrierte in Großstädten wiederum öfter gelesen, als von Landkindern. Dabei enthalten eben viele dieser Illustrierten und Hefte anteilsmäßig viele Bilder und Werbeanzeigen. Besonders Comics nutzen die bildhafte Darstellung und Inszenierung. Sie erscheinen oft parallel als begleitende Comichefte zu ihren eigenen Zeichentrickserien, wie die oft zitierte "Micky Maus" *[Glogauer, 1995, S.141]* und nehmen, wie das Fernsehen eine „unterhaltende und soziale Funktion" ein *[Winter, 1983, S.25]*, während Zeitungen und Zeitschriften eher eine informierende Funktion einnehmen *[Winter, 1983, S.24]*.

In Kinderzeitschriften wird im Vergleich zum Fernsehen mit ca. 5% pro Heft sehr wenig geworben. Dies ist vielleicht auf zwei Überlegungen zurückzuführen. Erstens ist die Produktion von Kinderzeitschriften günstiger als andere Zeitschriften, d.h. sie ist viel weniger auf Werbung angewiesen als die allgemeinen Zeitschriften und zweitens müssen die Verlage einen gewissen Werbeumfang einhalten, der ihnen vorgeschrieben wird *[Neumann- Braun / Erichsen, 1995, S23-45]*.

Ein Nachteil der Printwerbung im Vergleich zum Fernsehen liegt jedoch in einer kleineren erreichbaren Zielgruppe, wobei diese präziser angesprochen werden müssen.

## 4.2.3 Auditive Medien

Das Angebot an auditiven Medien ist innerhalb einiger Jahre deutlich angestiegen. Das Hören von Musik „gilt als klassisches Identifikationsmerkmal der Jugend seit der Erfindung des Rock'n Roll" *[Eimeren / Maier- Lesch, Nr.11/97, S.592]* und ist in fast allen Kinderzimmern präsent. Im Rahmen einer mit 2643 Kindern (sechs bis 19 Jahre) durchgeführten Studie der Kids Verbraucher Analyse im Jahre 2003 besitzen demnach 68 % der Jungen eine Stereo- Anlage, wohingegen 65 % der Mädchen über eine Stereo- Anlage verfügen *[Hansen, 2003]*.

Diese Befunde untermauern auch die Ansicht von Baacke *[1988, S.15 ff.]*, wonach die auditiven Medien die eigentlichen Leitmedien von Jugendlichen darstellen.

Nach einer von Moser durchgeführten Studie, die sog. Bonstetten Studie, in welcher Schüler(innen) bzgl. ihrer Radionutzung befragt wurden, konnte nachgewiesen werden, dass mehr als die Hälfte der Befragten täglich Radio hört und sich diese Zahl von den Sieben- bis zu den Zwölfjährigen eindeutig verdoppelt *[Moser, 1992, S.30; vgl. auch Aregger / Steinmann, 1989, S.54]*.

Das Radio wird zu einem Teil durch Einnahmen aus der Werbung finanziert *[vgl. Thoma, 1982, S.1817]*, wobei die Radiowerbung wie auch im Fernsehen versucht, bestimmte Zielgruppen anzusprechen.

Es ist nicht allzu verwunderlich, dass im Radio mittlerweile auch verstärkt Kinder von Werbestrategen angesprochen werden, wenn man sich nur vorstellt, dass ganze 84 % der Jugendlichen regelmäßig Radio hören *[Feierabend / Klingler, 2000, S.519]*.

Das Radio als Multiplikator von Werbebotschaften kann zwar keine visuellen Einblicke bieten, wie das beim Fernseher der Fall ist, man kann es aber meistens deutlich hören. Während man im Fernsehen, sobald eine Werbung auf dem Bildschirm erscheint, umschalten kann, ist das Wegsehen beim Radio wohl kaum möglich, es sei denn, man wechselt jedes Mal wenn Werbung läuft, den Sender und sucht so lange, bis man einen Neuen gefunden hat (das tun allerdings nur wenige, da es sich nicht unbedingt lohnt, wegen ein paar wenigen Spots, einen anderen Sender zu suchen) oder stellt das Radio leise. Wie sich die Werbestrategen dies zu Nutze machen, soll im Kapitel 5 noch näher erläutert werden.

## 4.2.4  Das Internet

Neben den bisher genannten Medien gehört auch der Computer zu den bevorzugten Freizeitaktivitäten und Lieblingsbeschäftigungen von Kindern.
Eine von Henke *[1999, S.73- 80]* in Amerika durchgeführte Untersuchung beweist, dass 69 % der neun- bis elfjährigen Kinder einen Computer zu Hause besitzt und die Hälfte ihn auch sehr oft benutzt. Besonders die Unterhaltung mit Computerspielen gehört mittlerweile zu den Lieblingsbeschäftigungen von Kindern.

Stellt man sich nur vor, dass fast jedes vierte Kind (bis zu zwölf Jahren) mindestens über ein Computerspiel verfügt *[Hansen, 2003]* und der Computer als neues Spielgerät endgültig die Herzen der Kinder erobert hat, kann man sich bereits denken, dass viele Werbestrategen diese Information zu ihrem Vorteil nutzen. Dabei werden hier wie auch im Fernsehen verschiedene Werbemöglichkeiten genutzt, die die subtile „Integration von Produkten in die Spielhandlung" *[Neumann- Braun / Erichsen, 1995, S.32]* ermöglichen.
Da mit Computerspielen mittlerweile ein höherer Gewinn erzielt werden kann, ist davon auszugehen, dass viele Werbebranchen diese Gegebenheit in Zukunft ausnutzen und noch gezielter in Computerspielen werben werden.

Doch die Nutzung des Computers als Unterhaltungsmedium beschränkt sich bei Kindern nicht nur auf Computerspiele. Untersuchungen belegen, dass ein Drittel der ca. 10 Millionen Internet-User Jugendliche sind und bei den zehn- bis 13jährigen jeder Fünfte einen eigenen PC besitzt *[A & B]*. Das Internet wird dabei besonders zum Chatten oder zur Teilnahme an Gewinnspielen genutzt, wobei sich die Befragten „bei der Suche im Internet häufiger an Werbebannern (40,6%) als ältere Internet- User" *[A & B]* orientieren.

## 4.2.5  Das Kino

Das Kino erfüllt für Kinder, wie auch für Erwachsene, zu allererst eine Unterhaltungsfunktion. Was die Jüngeren  betrifft, haben sie sich in den letzten Jahren besonders als begeisterte Kinobesucher entpuppt *[vgl. auch Behrens, 1996, Abb.3.32]*.

Welche Vorteile die Kinowerbung gegenüber der Fernsehwerbung besitzt, soll im späteren Verlauf noch genauer erklärt werden, wobei der Kinowerbung im Vergleich zu den anderen Medien ein ganz besonderer Unterhaltungscharakter zugesprochen wird.

## 4.3 Fazit

Ob nun im Kino oder in Comics, im Fernsehen, im Radio oder auf dem Wege des „Below the line"- Prinzips (siehe 5.5) versucht die Werbeindustrie jede Möglichkeit auszunutzen, um mit Kindern in Kontakt zu treten und sie als Konsumenten zu gewinnen. Der Werbedruck auf die Kinder scheint dadurch stark anzusteigen. Die Bedeutung der Kindheit scheint dabei immer stärker ins Licht der Kommerzialisierung gedrängt zu werden. „Die Konsumkultur dringt auch in die letzten Nischen des kindlichen (und familialen) Alltags vor" *[Neumann- Braun, Erichsen, 1995, S.38]*. Die Kinder sehen sich dabei mit der schweren Aufgabe konfrontiert, immer größer werdende Mengen an Erfahrungsmöglichkeiten und Illusionswelten zu bewältigen.

## 4.4 Grenzen der Werbung

### 4.4.1 Gesetzliche Bestimmungen

Die rechtlichen Bestimmungen über Kinder und Werbung sind auf die Überlegung zurückzuführen, dass das Verhältnis zwischen Kindern und Werbung anders ist als bei Erwachsenen. In der rechtlichen Diskussion wird allgemein von „Jugendschutz" gesprochen, womit alle Minderjährigen – Kinder und Jugendliche– gemeint sind.

„Jugendschutz kann als die Gesamtheit der rechtlich begründeten Maßnahmen zum Schutze der Jugend vor den ihr von außen drohenden (externen) Gefahren für das körperliche, geistige und seelische Wohl beschrieben werden" *[Jung / Müller- Dietz, 1981, S.133]*.
Verfassungsrechtlich bildet der Kinder- und Jugendschutz einen Bestandteil des Art. 2 I GG, die sich auf den Schutz der Entfaltung junger Menschen zu eigenver-

antwortlichen Persönlichkeiten bezieht und durch Art. 1 I GG verstärkt wird. Wenn dieser Entwicklungsprozess der Kinder und Jugendlichen der Gefährdung durch Dritte ausgesetzt ist, kann diese Komponente den Staat berechtigen, regulierend einzugreifen. Steht die Frage einer Gefährdung von Kindern gerade durch Medieninhalte im Raum, so herrschen meist verschiedene, kontroverse Beurteilungen über die Lage. Somit stellt sich die Frage, ob der Staat berechtigt ist, Maßnahmen zu ergreifen, bei denen eine Beseitigung der Gefahr für Kinder und Jugendliche nicht hundertprozentig feststeht.

Das Bundesverfassungsgericht hat diese Frage beantwortet: „Der Gesetzgeber kann Bestimmungen des Kinder- und Jugendschutzes erlassen, auch wenn nicht wissenschaftlich gesichert feststeht, dass eine bestimmte Art der Darstellung sich schädlich auf die Entwicklung von Kindern oder Jugendlichen auswirkt" *[BverfG 83, 130 (140ff.)]*.

Die Werberegelungen des Rundfunkstaatsvertrages (RfStV) für Kinder sind kurz und bündig:
Beide Vorschriften gelten gleichermaßen für den öffentlich-rechtlichen Rundfunk wie für den privaten Rundfunk. Bedeutung haben sie zur Zeit nur für den privaten Rundfunk.

a) § 6 Absatz 2 Satz 2 des RfStV sagt: „Werbung, die sich auch an Kinder oder Jugendliche richtet, oder bei Kindern oder Jugendlichen eingesetzt werden, darf nicht ihren Interessen schaden oder ihre Unerfahrenheit ausnutzen."
Eine wichtige Komponente ist die Gefahr, dass es bei Kindern durch ein spezifisches Werbeangebot zur Bildung von Weltbildern kommen kann, die deren Entwicklungschancen beeinträchtigen können (z.B. Geschlechtsstereotypen, Schönheitsideale o. ä. in der Werbung) *[vgl. Bergler / Six, 1979, S.243 ff.]*. Ebenfalls problematisch ist die Tatsache, dass bestimmte Produkte, die in der Werbung vorkommen, durch ihren Konsum soziale Anerkennung vermitteln. Solchen Gefahren kann kaum mit rechtlichen Regelungen entgegnet werden.

b) § 13 Absatz 1 besagt: „Sendungen für Kinder dürfen nicht durch Werbung unterbrochen werden."

Zunächst muss zwischen Kindern und Jugendlichen unterschieden werden. Die Definition von „Kind" findet sich im Jugendschutzgesetz: Es handelt sich um Minderjährige bis zum 14. Geburtstag; danach spricht man von „Jugendlichen". Da im § 13 Absatz 1 von „Sendungen für Kinder" die Rede ist, können Sendungen für Jugendliche sehr wohl durch Werbung unterbrochen werden.

Das Kind ist als Käufer und Konsument für das Werbefernsehen interessant, da ein Kind zwischen 7 und 14 Jahren geschäftsfähig ist. Jedoch müssen ihm die Mittel nur für diesen Zweck oder zur freien Verfügung überlassen worden sein. Hier gilt der sogenannte Taschengeldparagraph § 110 BGB für die Minderjährigen. Werbung versucht aber auch Kinder zu benutzen, um Einfluss auf Eltern zu nehmen, einen bestimmten Gegenstand zu kaufen.

Das Problem Kinder und Werbung hat im öffentlich-rechtlichen Rundfunk auch grundsätzlich eine geringere Bedeutung als im privaten Rundfunk. Wegen der geringen Werbemenge (20 Minuten pro Werktag vor 20 Uhr), die ARD und ZDF gesetzlich zugebilligt ist, fokussiert sich diese Werbung zwischen 18 und 20 Uhr, um möglichst hohe Einschaltquoten zu erzielen. Somit sind die Kindersendungen am frühen Morgen für die Werbung weniger interessant und deswegen auch praktisch werbefrei *[vgl. Schneider, 1994, S.154]*.

Die Situation bei den Privaten hingegen sieht ganz anders aus: Samstags laufen auf den Kanälen RTL, SAT.1, Pro 7, RTL2 und Kabelkanal u.a. stundenlang Kinderfilme. Diese Kinderprogramme werden durch Werbung finanziert.
Es liegt auf der Hand, dass die Rechtsbegriffe „ihren Interessen schaden" oder „ihre Unerfahrenheit ausnutzen" ausgesprochen offen sind. Deswegen wurden diese Normen durch die Landesmedienanstalten durch Werberichtlinien konkretisiert, die für den privaten Rundfunk gelten. Nicht nur die Landesmedienanstalten sind gefordert eigene Werberichtlinien zu erlassen, sondern auch ARD und ZDF. Die ARD- und ZDF-Richtlinien beziehen sich ausdrücklich auf die Verhaltensregel des Deutschen Werberates für die Kinderwerbung im Werbefunk und Werbefernsehen. Die Bestimmungen des Rundfunkstaatsvertrages für Kinder, Jugendliche und Werbung gelten gleichermaßen für den privaten wie für den öffentlich-rechtlichen Rundfunk.

„Bei der Anwendung der Werberegelungen ist davon auszugehen, dass jede Sendung Werbung ist, mit der ein Rundfunkveranstalter oder ein die Rundfunk- veranstaltung nutzender Dritter werbend – d.h. nicht nur informierend, unterhal- tend oder bildend im Sinne der Rundfunkaufgabe – auf eine der Rezeption nach- folgende Entscheidung der Rezipienten einwirken will." *[Charlton / Neumann- Braun / Aufenanger u.a., Band 2,1995, S. 449]*

- ARD- und ZDF-Richtlinien

Die ARD- und ZDF-Richtlinien sind nicht nur eine bloße Darstellung der gesetzli- chen Regelungen, sie können auch Vorschriften erlassen, die die Programmge- staltung bestimmen. Die ARD-, ZDF-Richtlinien und DLM- Richtlinien besitzen inhaltliche Übereinstimmungen. Es ist aber zu berücksichtigen, dass der öffentlich- rechtliche Rundfunk einer spezifischen Form der Aufsicht unterliegt, die sich von der Aufsicht des privaten Rundfunks unterscheidet.

- DLM- Richtlinien

Die DLM- Richtlinien haben Auswirkungen auf die privaten Rundfunkveranstalter und sind nach ihrer Verabschiedung von den Veranstaltern in jedem Fall zu beachten. Dabei handelt es sich um das Verbot, Kinder in der Werbung als Sexualobjekte darzustellen, um das Verbot, Kinder in der Werbung ohne berech- tigten Grund in gefährlichen Situationen zu zeigen, und um das Verbot, für Pro- dukte, die selbst Gegenstand von Kindersendungen sind, vor und nach dieser Sendung in einem Werbeblock zu schalten *[vgl. Charlton / Neumann- Braun / Aufenanger u.a., Band 2,1995, S.377]*.

4.4.2  Freiwillige Selbstkontrolle

4.4.2.1    Der Deutsche Werberat

Die wichtigste Institution der Selbstorganisation für Werbung ist der Deutsche Werberat. Der deutsche Werberat wurde 1972 vom Zentralverband der deutschen Werbewirtschaft (ZAW) gegründet.

Der Werberat hat zwei Aufgaben:

Er bearbeitet einmal die Beschwerden der Konsumenten über Werbung. Zum anderen erarbeitet der Werberat Richtlinien zur inhaltlichen Gestaltung von Werbung. Die Richtlinien sollen die verbrauchergerechte Werbung fördern. Die Bedeutung der Richtlinien des Deutschen Werberates ist die Feststellung des Berliner Kammergerichts, dass ein Verstoß gegen Verhaltensregeln für Kinderwerbung des Deutschen Werberats, gegen die guten wettbewerblichen Sitten und zugleich gegen § 1 UWG verstößt *[vgl. Charlton / Neumann- Braun / Aufenanger u.a., Band 2,1995, S.413]*.

Es halten sich aber nicht alle Beteiligten an die Entscheidungen des Deutschen Werberates. Eine Selbstkontrolle kann nur dann effektiv erfolgen, wenn die Kontrolle durch das Recht und durch den Druck der Öffentlichkeit besteht.

Der Werberat hat folgende Verhaltensregeln für die Werbung mit und vor Kindern in Hörfunk und Fernsehen aufgestellt:

1. Sie sollen keinen Vortrag von Kindern über besondere Vorteile und Eigenarten des Produktes enthalten, der nicht den natürlichen Lebensäußerungen des Kindes gemäß ist.
2. Sie sollen keine direkten Aufforderungen zu Kauf oder Konsum an Kinder enthalten.
3. Sie sollen keine direkten Aufforderungen von Kindern und/oder an Kinder enthalten, andere zu veranlassen, ein Produkt zu kaufen.
4. Sie sollen nicht das besondere Vertrauen, das Kinder bestimmten Personen entgegenzubringen pflegen, mißbräuchlich ausnutzen.
5. Aleatorische Werbemittel (z.B. Gratisverlosungen, Preisausschreibungen u. ä.) sollen die Umworbenen nicht irreführen, nicht durch übermäßige Vorteile anlocken, nicht die Spielleidenschaft ausnutzen und nicht anreißerisch belästigen.
6. Sie sollen strafbare Handlungen oder sonstiges Fehlverhalten, durch die Personen gefährdet werden können, nicht als nachahmenswert oder billigenswert darstellen oder erscheinen lassen.
7. Es sollen keine direkten Kaufaufforderungen an Jugendliche gerichtet werden, die deren Unerfahrenheit und Leichtgläubigkeit auszunutzen.

8. Jugendliche sollen nicht unmittelbar dazu aufgefordert werden, ihre Eltern oder Dritte zum Kauf der beworbenen Ware oder Dienstleistungen zu bewegen.

9. Es soll nicht das besondere Verhalten, das Jugendliche zu Eltern, Lehrern und anderen Vertrauenspersonen haben, ausgenutzt werden.

10. Jugendliche sollen nicht ohne berechtigten Grund in gefährlichen Situationen gezeigt werden. *[Quelle: www.interverband.com]*


## 4.4.2.2    Europäische Allianz der Werbeselbstkontrolle (EASA)

Die EASA (European Advertising Standards Alliance) ist der Dachverband der nationalen Werbeselbstkontrollorganisationen. Die EASA wurde 1992 in Brüssel mit dem Ziel gegründet, die Organisationen der freiwilligen Werbeselbstkontrolle zusammenzuführen und ein System zur Bearbeitung grenzüberschreitender Beschwerden einzurichten.

Zu ihren Mitgliedern zählen die nationalen Selbstregulierungsorganisationen aus allen EU – Mitgliedstaaten, sowie aus der Schweiz, Ungarn, der Slowakischen Republik, Slowenien, der Türkei, der Tschechischen Republik und Russland. Weitere Kooperationen bestehen mit den entsprechenden Organisationen in Kanada, Neuseeland, Südafrika und den Vereinigten Staaten von Amerika.
Das Tätigkeitsfeld der EASA wurde seit ihrer Gründung durch die Aufnahme von Vertretern aus der werbetreibenden Wirtschaft, Werbeagenturen und den Medien im Jahre 2002 erheblich erweitert.


## 4.4.2.3    Freiwillige Selbstkontrolle Fernsehen (FSF)

Um den Jugendschutz besser durchsetzen zu können, haben die privaten Programmveranstalter 1993 die Freiwillige Selbstkontrolle Fernsehen (FSF) gegründet, welche eine Institution nach dem Vorbild „Freiwillige Selbstkontrolle der Filmwirtschaft" (FSK) ist. Die Aufgaben der FSF beschränken sich auf die Forderung des Jugendschutzes im Fernsehen, wobei sie sich mehr für die „Darstellung von Gewalt und Sexualität" interessiert und die Sicherstellung des Kinder- und Jugendschutzes gegenüber Werbung  weniger bedeutend ist.

#### 4.4.2.4 Die Jugendschutzbeauftragten

Zur Durchsetzung des Jugendschutzes innerhalb der Sender sind die Jugend-schutzbeauftragten verantwortlich. Der Rundfunkstaatsvertrag bestimmt, dass jeder Sender einen Jugendschutzbeauftragten einstellen muss, der die Sendepla-nung und den Programmeinkauf unter Jugendschutzgesichtspunkten begutachtet. Ihre Aufgabe ist dieselbe wie bei der FSF. Bezüglich Werbung stehen ihm keine Kompetenzen zu.

#### 4.4.3 Fazit

Trotz der beschriebenen Werberichtlinien und Maßnahmen kann leider kein 100%-iger Schutz der Kinder vor beeinflussender Werbung zugesichert werden. Die Hauptverantwortung liegt dabei besonders bei den Eltern bzw. dem sozialen Umfeld, in denen Kinder aufwachsen. Diese haben einen entsprechenden Einfluss auf das Fernsehverhalten, d.h. auch besonders auf die Zeit, in denen Kinder verstärkt fernsehen. Der Werberat hat keinen Einfluss darauf, was sich die 'Klei-nen' daheim anschauen dürfen und was nicht. In diesem Sinne sollten die Werbe-richtlinien nicht ausschließlich für „Kindersendungen" gelten, sondern auch zusätz-lich für die Zeitspannen, in denen Kinder bevorzugt fernsehen (wie z.B. am Abend).

Ein weiterer Punkt, der mit einem kritischen Blick gewürdigt werden sollte, ist die zunehmende Angleichung von Programmen und Werbung für Kinder, die immer mehr ineinander verschmelzen und es somit weitgehend erschweren, eine klare Trennungslinie zwischen ihnen zu ziehen. Durch die zunehmende unterschwellige Manipulation von Kindern in der Werbung wird zudem deutlich, dass Werbestrate-gen mittlerweile sowohl gesetzliche Richtlinien als auch besonders die Verhaltens-regeln des deutschen Werberates, geschickt umgehen können.
Zum besseren Schutz der Kinder vor bestimmten Werbestrategien sollte deshalb besonders darauf geachtet werden, dass stets das kindliche Interesse erforscht werden sollte, welches eine effiziente Werberegelung der Kinderwerbung voraus-setzt.

Fest steht jedoch, dass Kinder trotz vieler Werbemaßnahmen zum Schutz vor der Werbung einem erheblichen Werbedruck ausgesetzt sind und leider nicht verschont werden.

# 5 Aus der Trickkiste der Werbung

## 5.1 Werbung- Ein Spiel mit der Psyche?

Damit Werbung einen effektiven Werbeerfolg erzielen kann, muss sie einige grundlegende Prinzipien beachten, wie eines der bekanntesten Werbewirkungsmodelle - das AIDA- Modell. Diese wird von Werbestrategen gezielt eingesetzt, um bei den Verbrauchern bestimmte Reaktionen und Verhaltensweisen zu bewirken. „A" wie Attention soll zuerst die Aufmerksamkeit der Verbraucher auf sich ziehen, während bei „I" wie Interest nach der Aufmerksamkeitserregung das Interesse der Verbraucher geweckt werden soll. Gefolgt vom Wunsch („D" wie Desire), dass Produkt erwerben und besitzen zu wollen, schließt sich das Modell mit der Konsumhandlung(„A" wie Action), das die Werbewirkung nach Moser *[1997a, S.270]* als das „geordnete Durchlaufen verschiedener Wirkungsstufen und –ebenen" darstellt, ab.

Werbung soll also auffallen, um Aufmerksamkeit zu erreichen und möglichst aktivieren, um letztendlich die Wiedererkennung zu stärken. Aber wie bringt man die potentiellen Verbraucher dazu, neue Konsumwünsche zu entwickeln und sich das Produkt auch wirklich zu kaufen? Pickert *[1994, S.127]* berichtet in diesem Zusammenhang von für die Konsumenten unbewusst ablaufenden Prozessen der Einstellungs- und Handlungsbeeinflussung, die auf drei psychologisch verschiedenen Ebenen eingeleitet werden können: kognitiv, emotional und motivational. Pickert *[1994, S.131]* geht einen Schritt weiter und spricht von einer Manipulation. Da sich der Umworbene durch eine Trägheit auszeichnet und wenig Aufgeschlossenheit aufzeigt, soll er zur Beeinflussung und zum Erlernen der Werbebotschaft gezwungen werden. „Dies bewerkstelligt die Werbung durch ihr Manipulationsinventar." Doch Manipulation will gekonnt sein!
Scott *[1912, zit. In: Moser, K., 2002, S.136, Kasten 35]* schlägt hierzu vier Prinzipien für eine wirksame Gestaltung von Werbung vor:
Während die 'Wiederholung' einer Werbung in bestimmten Abständen und Intervallen sich langsam aber sicher in das Gedächtnis des Betrachters einprägt, soll die 'Intensivität' dazu verhelfen, dass sich die Person stärker und intensiver mit

dieser Werbung befasst und die Erinnerung an diese auch umso stärker ausfällt. Beispiele dazu sind u.a. der Gebrauch von Farben, von Reimen, 'das Ansprechen von Emotionen' usw.

Besonders um Kinder zu begeistern, muss Werbung unterhaltsam, witzig und originell gestaltet sein. Farbreiche, kurze und einprägsame Werbebotschaften, die schnell zu erfassen und zu erinnern sind. Denn Farbe ist ein sehr gut geeignetes Mittel, um Aufmerksamkeit auf sich zu ziehen. Sie kann nicht nur etwas lebendiger erscheinen lassen oder etwas hervorheben und betonen, sondern auch Gefühle assoziieren, wie es Luckiesh *[1923]*, Birren *[1945]*, Hepner *[1949]* und Vögeli *[1960]* für die Grundfarben rot, gelb und blau zusammengefasst haben *[siehe auch Mayer / Däumer / Rühle, 1982, S.111]* und auf die in Kapitel 5.2 noch genauer eingegangen wird.

Werbung versucht also primär die Gefühle, Emotionen und das Unterbewusstsein der Verbraucher anzusprechen, Sehnsüchte zu wecken, um eine Verbindung zwischen dem jeweils beworbenen Produkt und den Wünschen der Konsumenten herzustellen. Es sollte sich aber auch abgesehen davon vor allem um Produkte handeln, die die anvisierten Zielgruppen auch persönlich interessieren.

Das dritte Prinzip der 'Assoziation' nach Scott soll Werbebotschaften spontan mit 'früheren Erfahrungen des Lesers assoziieren', wohingegen sich das letzte Prinzip mittels 'Originalität' durch ungewöhnliche Produktnamen im Gehirn des Betrachters einprägen soll.

Werbung wirkt zum Leid der Werbestrategen nicht in allen Altersstufen gleich. Da besonders Kinder keine in sich geschlossene homogene Gruppe darstellen und sich, wie bereits erwähnt, nicht eindeutig in eine Zielgruppe eingliedern lassen, scheint es aus der Sicht der Werbefachleute wichtig, diese Zielgruppe nach ihrer Lebensphase, ihrem Produktinteresse und vor allem nach ihrer Wahrnehmungsentwicklung zu differenzieren.

Wie die Werbestrategen im Kampf um die Erregung von Aufmerksamkeit der "Kleinen" vorgehen und welcher Werbemittel, -formen und –tricks sie sich dabei bedienen, wird in diesem Kapitel näher erläutert.

Nach einer von Mayer *[1998]* durchgeführten Zielgruppenforschung sollen sechs Hürden des Kidsmarketing überwunden werden, damit die Werbestrategen ihre Werbung überhaupt zielgruppenspezifisch gestalten können.

1.  *Kids sind nicht gleich Kids:* Wie bereits erwähnt, handelt es sich bei Kindern nicht um eine homogene Gruppe, so dass besonders darauf geachtet werden muss, dass man sich konkret mit der jeweiligen Zielgruppe auseinandersetzt.

2.  *Kinder sind heute viel erwachsener als je zuvor:* Das bereits erwähnte Verschwinden der Kindheit und das schnelle Heranwachsen der "Kleinen" verlangt von den Werbestrategen eine ernste Auseinandersetzung mit Kindern, was sich in der glaubwürdigen Gestaltung kinderspezifischer Werbebotschaften widerspiegeln lässt.

3.  *Kids nehmen die Welt anders wahr als Erwachsene:* Durch die zunehmende Kommerzialisierung und Virtualisierung der heutigen Gesellschaft werden im Vergleich zu früheren Zeiten zwar mehr Informationen vermittelt, von denen jedoch aufgrund der dadurch bedingten Reizüberflutung die Mehrheit kaum bzw. gar nicht aufgenommen und verarbeitet werden kann. Es sollte daher weiterhin viel informiert werden, jedoch mit der Bedingung: so einfach wie es nur geht!

4.  *Kinder sind kreativ:* Diese Kreativität erfordert auch eine möglichst kreative Ansprache seitens der Werbenden, die sich zusätzlich durch eine hohe Qualität auszeichnen sollte.

5.  *Kinder haben ein sehr sensibles Moralempfinden:* Bedenkliche Botschaften sollten daher möglichst vermieden werden.

6.  *Kids sind extrem sensibel für Trends:* Kinder sind sehr anfällig für neue Trends und können diese auch gleichzeitig für Neue sprungartig aufgeben. Die Werbemacher sollten daher nicht nur die einfache Ansprache dieser

Trends in ihren Werbebotschaften nutzen, sondern vielmehr die Werte und Bedürfnisse, die diese Trends ausmachen, in ihren Botschaften anwenden.

## 5.2  Werbemittel

Werbemittel bezeichnen solche Mittel, die bewusst eingesetzt werden, um nicht nur die Aufmerksamkeit der Kinder zu erwecken bzw. zu erhöhen, sondern auch primär, um die Emotionen und das Unterbewusstsein der Kinder anzusprechen, um letztendlich eine Verbindung zwischen dem Produkt und den Wünschen der Kinder herzustellen. Besonders Produkte, die die "Kleinen" auch interessieren und ihnen gefallen, sollten in diesem Sinne beworben werden.

Dabei gibt es unterschiedliche Werbemittel, die in Bezug auf Kinderwerbung, angewandt werden können *[Aufenanger, www.erzwiss.uni-hamburg.de]* :

♦ *Unrealistische Übertragung von Handlungskompetenz und Verantwortung:*
Durch die vorgespielte Entscheidungsbefugnis, die den Kindern übertragen wird, wird darauf abgezielt, dass Kinder diese von ihren Eltern auch in Wirklichkeit einfordern und dadurch Mitbestimmungsrecht erlangen können.

♦ *Identifikationsmöglichkeiten:*
Durch die Verbindung der Werbespots mit der kindlichen Lebenswelt schaffen Werbefachleute ein wichtiges Kriterium für die Bewertung von Spots seitens der Kinder.

♦ *Koppelung der Fantasieanregung an die Werbestimuli:*
Die Einbettung des Produkts in eine Geschichte verleiht den Kindern ein real erscheinendes, lebendiges Gefühl, nach dem den Produkten auch bestimmte Eigenschaften zugeordnet werden können, wie z.B. Schönheit, Zauberkraft usw.

♦ *Gleichbleibende Ablaufschemata von Werbespots und/oder wiederkehrende Darsteller bzw. Figuren:*
Diese verleiten Kinder dazu, das beworbene Produkt wiederzuerkennen und die Spots weiterhin besser zu verfolgen und zu behalten.

♦ *Geschlechtsspezifische Kinderwerbung:*
Die traditionell geschlechtliche Rollenaufteilung der Kinder wird immer noch stark betont. Während Mädchen für ihre Barbie - Puppen, Polly Pockets usw. auf eine liebevolle, mütterliche Art werben, treten die Jungen auf eine leidenschaftliche, zielbewusste und aggressive Weise, als starke Werber für „Jungenspielzeuge" ein

## 5.2.1 Werbetricks im Fernsehen

Besonders der Fernseher bietet die größten Möglichkeiten effizienter Werbung. Die Spots werden zwischen den Programmen geschickt plaziert und den Kinderprogrammen so ähnlich wie möglich gestaltet.

Die farbenfrohe Kinderwerbung ist im Vergleich zu normalen Werbespots schneller und abenteuerlicher und zeichnet sich durch viele Wiederholungen aus.

„In vielen Werbespots wird durch Zeichentrick oder Computeranimation versucht, die Produkte in einer Atmosphäre von Spaß, Action und Abenteuer zu präsentieren" *[Neumann- Braun / Brauner, 1994, S.10 ff.].*

Betrachtet man sich nur einmal die reinen Kinderwerbeblöcke im Nachmittagsprogramm der Privatsender, so fällt auf, dass Werbung für Kinder grundsätzlich mindestens eins der drei Aktivierungsmuster von Neumann- Braun und Brauner aufweist. Dabei unterscheiden sich die Werbespots nur wenig von den Kinderprogrammen, wodurch den Kindern eine Unterscheidung zwischen dem Programm und der Werbung erschwert wird.

Der richtige Einsatz von Bild, Ton, Text und Musik erfordert jedoch gewisse Anforderungen, die an dieses Kommunikationsmittel gestellt werden müssen *[vgl. z.B. Huth und Pflaum, 1986, S.100-105].*

Ein Spot muss die Aufmerksamkeit auf sich ziehen, um die Kinder dazu zu bringen, bis zum Schluss dabei zu bleiben. Durch die klare aber möglichst ungewöhnliche Produktidee sollte das Produkt erkannt, die einfach präsentierte Botschaft verstanden werden. Somit sollen sich junge Rezipienten an das Produkt gut erinnern können. Zudem sollte der Spot unterhalten, um Sympathie zu erzeugen und durch die ästhetische Darbietung des Produkts zum gedanklichen Mitmachen bewegen. Da besonders Werbespots zeitlich begrenzt sind und nur einige Sekunden dauern, kommen sie dem Rezeptionsverhalten der Kinder, das sich durch kurze Aufmerksamkeitsspannen auszeichnen lässt, sehr entgegen.

Um Kinder zielgruppengerecht bedienen zu können, macht sich die Werbung zusammenfassend folgende verschiedene Mittel zu nutze, auf die im weiteren Verlauf genauer eingegangen werden soll.

Sie bewirbt „kinderrelevante Produkte" wie Spielzeug, Getränke oder Süßigkeiten und arbeitet mit auffälligen, schnell zu erfassenden Kompositions-, Farb-, Schnitt- und Musikeffekten. Außerdem bedient sie sich verschiedener Cartoons, Comics oder Animationsspots. Desweiteren wiederholt sie einfache und gleiche Handlungsabläufe und präsentiert den Kindern einen vertrauten, liebevollen Familien- und Freizeitalltag, der frei von Problemen oder Alltagskonflikten ist und zeigt sogar Kinder als Darsteller, als sog. Identifikationsfiguren *[vgl. Schmidbauer, 1993, S.15]*.

Eigens für Kinder gibt es mittlerweile zahlreiche Sender (z.B. Super RTL), die mit einem Kinderprogramm locken. Es ist daher nicht allzu verwunderlich, dass die meisten Kinder den Begriff "Werbung" mit "Fernsehwerbung" assoziieren.

Wenn man an Fernsehwerbung denkt, fallen einem automatisch kurze und schnell aufeinanderfolgende Werbespots ein. Diese werden getrennt vom Programm gesendet und stellen die allgemeine und klassische Werbeform des Fernsehens dar. In Zusammenhang mit Kindern werden besonders in den privaten Rundfunkanstalten, wie z.B. Sat1, am Samstag sogar ganze Werbeblöcke gesendet. Doch es gibt noch weitere Werbeformen, die gezielt für Kinder konzipiert und auf sie gerichtet werden, wie z.B. die Programlength- Commercials. Diese werden kaum als Werbung aufgenommen, sondern stellen eher halb- bzw. einstündige Sendungen dar, die wie andere Sendungen ganz normal ausgestrahlt werden, aber bewusst so konzipiert eingesetzt sind, um den Beliebtheitsgrad und den Verkauf der eigenen Produkte dieser Sendungen zu fördern und zu erhöhen. Ala bekannte Programlength- Commercials sind u.a. die Schlümpfe oder die Familie Feuerstein zu nennen, von denen zahlreiche Plüschtiere zum Verkauf angeboten werden. Auch für Spielfiguren, wie den Pokemons, dem He- Man, wird mächtig geworben. Die Werbestrategen machen sich danach die beliebtesten Charaktere der Kinder zu nutze, die bereits im Jahre 2000 anhand von sechs- bis zwölfjährigen Kindern untersucht wurden und im Folgenden kurz aufgelistet werden sollen *[vgl. auch media & marketing 8-9 / 2000, S.86/87]* :

1.  Diddl Maus mit 52%
2.  Lara Croft mit 49%
3.  Micky Maus mit 48%
4.  Simpsons mit 47%
5.  Die Maus mit 45%
6.  Super Mario mit 45%
7.  König der Löwen mit 44%
8.  Tom & Jerry mit 42%
9.  Pokémon mit 42%
10. Asterix & Obelix mit 41%

(Quelle: *Iconkids & Youth, München.350 Kinder von sechs bis zwölf Jahren. März 2000.*)

Da sich die Interessen und Vorlieben der Kinder innerhalb kurzer Zeit sehr sprunghaft ändern können, kann man davon ausgehen, dass diese Beliebtheitsskala aus dem Jahre 2000 mittlerweile nur noch eingeschränkt repräsentativ ist, und sich heutzutage aktuelle Charaktere wie „Harry Potter" oder bestimmte Figuren aus der Trilogie „Herr der Ringe" großer Beliebtheit erfreuen.

Abgesehen davon gibt es noch Dauerwerbesendungen, die charakteristisch für Spiel- und Gameshows sind, in denen für viele verschiedene Produkte geworben wird und von denen heute wöchentlich mehr als zehn Stück über den Bildschirm laufen *[Charlton / Neumann- Braun / Aufenanger u.a., Band 1,1995, S.28]*. Das taktische Vorgehen der Werbestrategen scheint ganz einfach zu sein: Aufgrund der gestellten Fragen (z.B. bzgl. bestimmten Disney-Produkten) werden die Produkte den Kindern geschickt näher gebracht. Ziel dieser versteckten Werbestrategie ist es, die mit dem zunehmendem Alter der Kinder ansteigende kritische Einstellung gegenüber der Werbung zu mildern oder bestenfalls zu vermeiden.

Eine weitere Werbeform, die eher versteckt in das jeweilige Programm miteingebaut und besonders von Kindern selten als Werbung wahrgenommen wird, ist das sog. Product Placement. Die Gegenstände spielen in den Fernsehfilmen dabei keine besondere Rolle, sondern dienen vielmehr als Requisiten. Etwa wenn ein kleines Mädchen in einem Spielfilm mit ihrer „Barbie- Puppe spielt oder ihr Bruder in seinem Zimmer eine „Playmobil"- Landschaft aufbaut und dazu eine „Coca-Cola" trinkt.

Auch die unterschiedliche Typisierung von Werbespots spielt im erfolgreichen Einsatz kinderspezifischer Werbung eine wichtige Rolle.
Der Comic- und Zeichentrickspot lässt sich z.B. in zwei Kategorien einteilen. Während in einer Kategorie bereits bekannte Comicfiguren, die schon ihre eigenen Zeichentrickfilme haben, auftauchen können, werden für die zweite Kategorie neue Figuren entwickelt, die die Herzen der Kinder mit der Zeit erobern sollen. Die bekannten Figuren werben dabei für Produkte, die nicht unbedingt etwas mit ihnen zu tun haben müssen. Ausschlaggebend ist in diesem Fall, dass sich die Comicfiguren genauso verhalten, wie es immer in ihren Zeichentrickfilmen der Fall ist.
Die neuentwickelten Comicfiguren hingegen stehen in Zusammenhang mit den Produkten, für die sie werben, wie z.B. der „Nesquick"- Hase oder die „Smarties".

Nicht selten treten auch Kinder als Darsteller in Werbespots auf. Sie übernehmen dabei die Hauptrolle und werben für Produkte, wie Süßigkeiten, Spielzeuge usw., die viele Kinderaugen aufleuchten lassen. Die kleinen Schauspieler sind dabei überzeugender denn je: sie treten völlig selbstbewusst und zielstrebig auf und zeigen auch auf eine humorvolle Art und Weise, wie sie sich u.a. über die Erwachsenen lustig machen können. Auffällig ist dabei die noch traditionelle Einteilung der Mädchen und Jungen zu bestimmten Produkten, für die sie werben sollen. Mädchen werben noch immer mit Puppen in den Armen und demonstrieren, welche neuen Kleidungsstücke, Schminksets und Schmuckstücke ihre Puppen noch schöner werden lassen, während die Jungen in ihrem „Playmobil- oder Legowahn" ihrer Phantasie freien Lauf lassen *[Aufenanger, www.erzwiss.uni-hamburg.de]*.
Aber in diesem Fall ist Achtung geboten. Die kleinen Darsteller sollten nämlich nicht jünger sein als „die anvisierte Zielgruppe" *[Dammler / Barlovic / Melzer-Lena, 2000, S.183]*. Vielmehr sollten die Darsteller die nächste Altersstufe repräsentieren. Durch den Erwerb des Produkts soll den kleinen Käufern soz. der Einstieg in die „nächste Entwicklungsstufe" ermöglicht werden.

Der Einsatz von Kindern oder von Peer- groups in Werbespots bleibt dabei nicht ohne Wirkung. Vielen Kindern wird dadurch die Möglichkeit offeriert, sich mit den Darstellern zu identifizieren, was nicht zuletzt zu einer emotionalen Verbindung zwischen dem Produkt und dem Kind führt.

Dabei schneiden in allen Fällen des Werbespots kurze Geschichten im Gegensatz zu Situationsdarstellungen besser ab, da sich die Produkte in Geschichten „sinnvoller einbauen und besser erklären" lassen, „als wenn sie bloß in einer Situation gezeigt werden, deren Entstehung und weiterer Verlauf im Dunkeln bleiben" *[Dammler / Barlovic / Melzer- Lena, 2000, S.202]*.

5.2.2  Werbetricks im Print

Dammler / Barlovic / Melzer- Lena *[2000, S.203 ff.]* machen bei der Printwerbung eine deutliche Trennung zwischen Werbung, die sich an Kinder richtet und der Werbung, die sich an Jugendliche wendet. Dabei schlagen sie folgende Werbetricks für Kinder vor.

Damit ein Kind erst auf den Gedanken kommt, sich überhaupt mit einer Printanzeige zu beschäftigen, muss als erstes sein Interesse danach geweckt werden. Dies kann durch verschiedene Farben, durch die nicht nur Aufmerksamkeit auf sich gezogen werden kann, sondern mit denen auch bestimmte Emotionen und Stimmungen besser beschrieben werden können, als auch durch verschiedene Cartoons oder Zeichentrickfiguren aber auch direkt durch das vorgestellte Produkt, geschehen.

Der zweite Schritt, nachdem das Kind auf die Printwerbung aufmerksam gemacht werden konnte ist, ihn für seine „Mühe" zu belohnen. D.h., es wird darauf geachtet, dass dem Kind in einer strukturell geordneten und übersichtlichen Weise viel Sehenswertes geboten wird. „Wenn Sie beispielsweise ein kompliziertes oder vielseitiges Produkt wie Spielzeug haben, können Sie über Bilder mit vielen Details die Entdeckerlust der Kinder ausnutzen" *[Dammler / Barlovic / Melzer-Lena, 2000, S.204]*.

Weitere Tipps und Tricks dürfen in diesem Zusammenhang nicht unbeachtet bleiben:

- Das Produkt sollte immer in echt gezeigt werden (auch bei einer Comic-Werbeanzeige sollte das Produkt zusätzlich in Original dargeboten werden).
- Da Kinder ungern lesen, sollte auf zu viel Text verzichtet und im Gegenzug dafür auf Bilder zurückgegriffen werden.
- Entschließt man sich doch für einen anteilsmäßig längeren Text, so sollte auf die Typographie geachtet werden, auf die noch im Kapitel 5.2.3 näher eingegangen wird. Kinder bevorzugen nämlich groß Geschriebenes, mit möglichst runden oder eckigen oder fett geschriebenen Buchstaben, die ihre Aufmerksamkeit auf sich ziehen.

## 5.2.3 Werbetricks im Radio

Radio ist wie ein Film, der sich im Kopf abspielt!

Dass auch hier die Werbung nicht fehlen darf und welche Vor- und Nachteile die Radiowerbung im Vergleich zu den anderen Werbeträgern mit sich bringt wurde im Kapitel 4.2.3 bereits erläutert.

Doch wodurch kennzeichnet sich Radiowerbung aus und mit welchen Tricks wird hier hantiert?

Funkwerbung zeichnet sich durch eine kurze und einfache Kernbotschaft aus, die für die Aufnahmefähigkeit von Kindern gut geeignet ist. Dennoch werden weitere Regeln mitberücksichtigt, mit denen man die Aufmerksamkeit der jüngeren Zielgruppen gezielt steigern kann. So gut es geht sollten Melodien und akustische Anker aus der TV- Werbung in Radiowerbespots eingebaut werden, die zu einer schnellen Wiedererkennung führen. Die Wiedererkennung wird aber auch geschickt durch das Gesetz der Repetition eingehalten, indem eine relevante Kernbotschaft öfter wiederholt wird und die kleinen Zuhörer dadurch wenig mit hochkomplexen Satzbausteinen überfordert.

Außerdem wird durch den Einsatz von (bereits bekannten) Jingles, Slogans oder Melodien nicht nur eine Grundlage für emotionale Bindungen an den Spot geboten, sondern auch die Möglichkeit, diese in den Alltag zu übernehmen und bei Freunden oder den Peer- groups anzuwenden.

Um Kinder oder Jugendliche zielgruppenspezifischer anzusprechen, macht die Radiowerbung nicht selten Gebrauch von gruppenorientierten Sprachen.

Besonders die akustische Botschaft der Werbung, die Sprache und der Rhythmus sollten auf das anvisierte Zielpublikum abgestimmt werden. Um die "Kleinen" anzusprechen, sollten „natürliche, alterstimmige Stimmen" ausgewählt werden und die Werbebotschaften sollten so vorgetragen werden, dass Kinder auch die Zeit haben, diese zu verstehen und auch dementsprechend aufzunehmen *[Dammler / Barlovic / Melzer- Lena, 2000, S.206]*.


### 5.2.4  Werbetricks im Internet


Kinder bleiben auch im Internet nicht vor Werbung verschont, obschon es den meisten vielleicht nicht unbedingt bewusst wird, da durch die Vermischung von kommerziellen und nicht- kommerziellen Inhalten Kinder bestimmte Werbungen gar nicht als solche wahrnehmen können.

Spiele, Preisausschreiben, Quiz, YouTube oder auch Chatrooms usw. stellen geeignete Möglichkeiten für die Präsentation von Werbung im Internet dar.

Besonders Spiele, die viel Action und Spaß versprechen, sind Teil von Werbestrategien. Während animierte Figuren die Aufmerksamkeit der begeisterten Kinder immer mehr auf sich ziehen und von der eigentlich werbenden Funktion abgelenkt wird, kommt es zu einer immer größer werdenden Bindung zwischen dem beworbenen Produkt und dem Kind. Diese Gelegenheit lassen sich die Werbestrategen natürlich nicht entgehen und setzen die Kinder umso länger mit Werbebotschaften aus, je länger diese auf bestimmten Internetseiten verweilen.

Besonders die sog. „Pay-for-Surf"- Anbieter *[Rais, 31. 03.2001]* machten sich die Surf-Lust der "Kleinen" in diesem Zusammenhang zunutze, indem sie den Kindern offerierten, mit dem Surfen einfach und gemütlich Geld zu verdienen. Ohne eine Einwilligung der Eltern konnte man sich dabei bei einem dieser „Pay-for-Surf"- Anbieter online anmelden und sich dessen „Cash- machine" (Kinder ab sieben Jahren sind hier willkommen) bzw. „View- Bar"(Kinder ab 14 Jahren sind hier willkommen) aus dem Internet auf den eigenen Computer laden, um bei jeder Stunde, die man im Internet verbringt, damals eine Deutsche Mark, zu verdienen. Hinter dieser Abmachung steckt jedoch eine geschickt eingefädelte Werbetaktik: Das Internet besitzt im Vergleich zu den anderen Medien eine für Werbefachleute wichtige und vorteilhafte Eigenschaft, die Cookies. Je länger sich ein Kind nämlich auf einer Internetseite aufhält und im Verlauf der Interaktion persönliche Daten,

Interessen und Vorlieben von sich verrät, umso gezielter können die Werbestrategen vorgehen, indem sie das Surfverhalten des Kindes anhand der sog. Cookies registrieren und ein Konsumprofil des jeweiligen Kindes erstellen, um das Kind dadurch über ihre konzipierte Werbung noch genauer, personenbezogener ansprechen zu können. Das Kind wird somit in späteren Aufenthalten im Internet permanent mit solchen Werbebannern konfrontiert, die auf seine Interessen und Neigungen, anhand der oben beschriebenen Cookies angepasst wurden. Im Grunde sind also nicht die Kinder die eigentlichen Verdiener, sondern vielmehr die Anbieter dieser „Pay- for- Surf"- Aktionen. Sie sind genaustens über die geringe Werbe- und Medienkompetenz der "Kleinen" informiert und versuchen durch geschickte Tricks die Wünsche, Interessen und Vorlieben der Kinder zu beeinflussen.

### 5.2.5 Werbetricks im Kino

Werbung, der die Kinder im Kino ausgesetzt sind, hat eine besondere Wirkung. Während die 'Kleinen' voller Vorfreude und ungeduldig auf den Beginn ihres Spielfilms warten, sind sie zuvor einem  langen Werbeblock ausgesetzt. Dabei wird unter anderem tüchtig für neue Disney- Filme, Disney- Spielzeugfiguren, Spielzeuge usw. geworben.
Die Werbung macht sich dabei die spezielle Atmosphäre im Kino zum Vorteil, indem sie den dunklen Raum und das überwältigende Dolby- Surround- System nutzt und die "Kleinen" in ihren Bann zieht - so, als wäre man mitten im Geschehen.

### 5.3    Gestalterische Werbetricks

Dass Kinder zu begeisterten Zeichentrickliebhabern gehören, ist nicht gerade verwunderlich. Der Grund dafür soll im späteren Verlauf noch näher erläutert werden. Die Werbefachleute machen sich diese Vorliebe der Kinder geschickt zunutze, indem sie ihre Zeichentrickspots, wie es auch in den Zeichentrickfilmen der Fall ist, mit kurzen witzigen Geschichten aufbauen. Schnelle oder langsame Schnittfolgen, aber auch verschiedene Kameraperspektiven, sind Teil dramaturgischer Stilmittel, die bewusst eingesetzt werden. Besonders schnelle Schnittfolgen, die von der Produkteigenschaft ablenken, erzeugen unterschiedliche Stimmungen, wie Action, Spannung oder Aufregung. Aber auch für unterschiedliche Atmosphären können die verschiedenen Kameraperspektiven sorgen. Während Actionspots, die sich durch schnelle Schnittfolgen und schnelle Kameraführungen auszeichnen, häufig für „jungenspezifische" Produkte angewendet werden, werden langsamere und harmonisch gestaltete Atmosphären sehr oft für „mädchenspezifische" Produkte genutzt.

Ob in Bild, Schrift, Sprache oder Musik - die Werbefachleute wissen im Umgang mit Kindern genau, wie sie die formalen als auch inhaltlichen Aspekte der Werbegestaltung geschickt ausschöpfen können.

Die Verwendung von Farben spielt in Werbeanzeigen, sowie Werbespots, eine wichtige Rolle.
Eine Farbe lässt nicht nur das Produkt lebendiger erscheinen, sondern zieht auch sofort die Aufmerksamkeit auf sich. Desweiteren fungiert sie in mancher Hinsicht wie eine Brücke zwischen dem beworbenen Produkt und dem Betrachter, indem sie durch ihre verschiedenen Farbtöne bestimmte Stimmungen und Emotionen besser beschreiben und vermitteln kann. Dabei gibt es eine Vielzahl von Studien, die die Effekte farbiger Anzeigen näher untersucht haben, auf die jedoch in diesem Buch nicht näher eingegangen werden kann.
Interessant sind jedoch einige relevante Ergebnisse zu den Grundfarben rot, gelb und blau, bei denen die geäußerten Assoziationen von Mayer/ Däumer / Rühle *[1982, S.111]* tabellarisch zusammengefasst wurden.

| Farbe | Birren (1945) | Hepner (1949) | Vögeli (1960) |
|---|---|---|---|
| rot | Heiß, Feuer, Hitze, Blut leidenschaftlich, aufregend, inbrünstig, aktiv | Feuer, Hitze, Aufregung, Stärke | erregend, aktivierend, mutig, entschlossen |
| gelb | Sonnenlicht, heiter, anregend, lebhaft, himmlisch | Helligkeit, Leichtigkeit, Erfrischung | erhebend, umsichtig, weitschauend, besonnen |
| blau | kalt, Himmel, Wasser, Eis, dämpfend, melancholisch, besinnlich, nüchtern | Kälte, Förmlichkeit, Tiefe, Stolz | bewegend, verträumt, gefühlig |

Tabelle 4: Assoziationsbereiche der Grundfarben rot, gelb und blau
[Mayer/ Däumer / Rühle ,1982, S.111]

Während z.B. dunkle Farbtöne eher ältere Kinder und Jugendliche ansprechen, begeistern sich die jüngeren Kinder noch für helle und kräftige Farben *[Dammler / Barlovic / Melzer- Lena, 2000, S.183]*. Bunte farbenfrohe Bilder wirken allgemein sehr sympathisch, und schon aus diesem Grund sollte auf sie nicht verzichtet werden, wenn für kinderspezifische Produkte geworben wird.

5.3.1  Das Kindchenschema

Wer kennt ihn nicht, den „König der Löwen", der mit seinen großen, niedlichen Augen nicht nur die Herzen der Kinder, sondern auch die der Erwachsenen erobert hat?
Was steckt hinter den angenehmen Gefühlsassoziationen, die plötzlich auftauchen, sobald man den „kleinen Eisbär" oder „Bambie" vor Augen hat?
Verhaltensforscher Lorenz fand bereits im Jahre 1943 eine leicht nachvollziehbare Erklärung für dieses Phänomen, das unter dem Begriff des „Kindchenschemas" berühmt geworden ist. Als Reaktion auf das angeborene Reizschema *[www.infoquelle.de/wirtschaft/kommunikation/gesicht11.cfm].* reagieren die Menschen, ob klein oder groß, unwillkürlich positiv.

Dass die Werbefachleute auch diese Information ausnutzen und einige spezielle Schlüsselreize des Kindchenschemas gezielt in ihre Werbung einsetzen, verblüfft nicht gerade. Die manipulative Macht der Werbung ist dabei leicht nachzuvollziehen. Indem sie bei den Konsumenten durch die Präsentation von Schlüsselreizen des Kindchenschemas Glücksgefühle erweckt, verbindet sie das Produkt mit angenehmen Gefühlen und animiert so zum Kauf. Nun kann man sich auch gut vorstellen, warum vor allem junge Kinder eine große Sympathie für Disney-Figuren haben. Die Illustration von einigen wenigen Schlüsselreizen, wie ein runder Kopf, dicke „Pausbacken", große Augen, eine „Stupsnase" und / oder tolpatschige Bewegungen, genügen bereits, um Kinderherzen höher schlagen zu lassen.

Abb. 2: Das Kindchenschema ,
*[www.kommdesign.de/texte/bilder/kindchen.gif]*

Dabei sollten Zeichentrickfiguren für junge Kinder „rundliche sanfte Formen haben, um Sympathie zu wecken, wie dies z.B. bei Winnie Puuh, dem rundlichen Bären der Fall ist" *[Dammler / Barlovic / Melzer- Lena, 2000, S.183]*.
Mit zunehmendem Alter können die Figuren eckiger werden, wie z.B. die „Simpsons".
Die Bedürfnisse und Wünsche der "Kleinen" können demnach geschickt beeinflusst werden, was nicht selten mit einem stärkeren Verlangen nach dem beworbenen Produkt einhergeht.

## 5.3.2 Die richtige Musik und die richtigen Jingles und Slogans

Werbespots im Fernsehen, im Kino, oder aber auch im Radio sollten nicht nur unterhaltend sein, sondern auch für die richtigen Töne sorgen. Dabei sollte es sich um einfache Jingles handeln, die sich die Kinder leicht behalten und möglichst genauso einfach mitsingen oder nachsingen sollten. Kaum einem ist z.B. der Haribo- Jingle („Haribo macht Kinder froh und Erwachsene ebenso!") unbekannt! Dabei ist es nicht mal nötig, den Slogan zu zitieren. Nur das Summen dieses Jingles erinnert schon die meisten an die leckeren Gummibärchen. Und genau auf dieses Wiedererkennen zielen die Werbestrategen ab.

Mit guten Jingles oder Slogans werden Kinder nicht nur besser angesprochen, sie greifen diese auch relativ schnell auf *[Dammler / Barlovic / Melzer- Lena, 2000, S.201]*. Zusätzlich sorgen eingängige Slogans und Jingles zu einer schnellen Wiedererkennung. Wer erinnert sich nicht an Slogans wie „Mann, ist der Dick- mann" oder „Ich bin doch nicht blöd!" oder „It's cool man".

Dabei spielt auch die direkte Ansprache der Kinder eine besondere Rolle, wenn der Chupa-Chups-Lolli mit seinem frechen Werbespruch „Leck mich" sie auf eine etwas andere Art und Weise  zum Genuss auffordert.

Auch die Werbesprache bedient sich vieler linguistischer Mittel und kreativer Formulierungen von Werbeaussagen, um die Aufmerksamkeit und das Interesse der Kinder für das jeweils beworbene Produkt zu gewinnen.
Kurze Slogans, die sich durch Reime („Haribo macht Kinder froh und Erwachsene ebenso"), Alliterationen (Coca- Cola), Befehlsformen („Komm auch du, greif zu!") usw. auszeichnen oder einfach durch gute Hintergrundmusik begleitet werden, dienen der schnellen Wiedererkennung von Spots und verankern sich sogar teilweise in die Alltagssprache der Kinder, wie oben bereits erwähnt.
Romantische Töne tauchen dabei eher als Hintergrundmusik auf und werden in Zusammenhang mit mädchenspezifischen Produkten angewandt *[Aufenanger, www.erzwiss.uni-hamburg.de]*. Es sollte jedoch aus Sicht der Werbenden darauf geachtet werden, dass sich der Musikgeschmack von Kindern einem ständigen Wandel unterzieht. Denn je älter diese werden, um so mehr neigen diese zu von

„deutsch gesungenen Kinderliedern über Mainstream- Pop hin zu Insiderbands und an Szenen gebundene Musikstile" *[Dammler / Barlovic / Melzer- Lena, 2000, S.183]*.

Um Aufmerksamkeit zu erregen und dabei bei den jeweiligen Zielgruppen anzukommen, spielen die Werbetexter gerne mit Wort- und Buchstabenkombinationen. Neu erfundene Worte werden den Zielgruppen über die Medien, die wie Multiplikatoren wirken, bekannt gemacht und in den Alltag hineingetragen. Dabei werden in allen Altersgruppen andere „Sprachcodes" verwendet.
Besonders die Kinder- und Jugendsprachen stehen dabei in starker Wechselwirkung mit den Medien. Diese Sprachen werden hauptsächlich von Kindern bzw. Jugendlichen besonders dann benutzt, wenn sie mit ihren gleichaltrigen Freunden, den Peer- groups zusammen sind. Dabei kann es sich teilweise um Begriffe, die von den Medien in die Gruppe hineingetragen wurden oder um selbsterfundene Begriffe, die mit der Zeit in die Medien hineingetragen werden, handeln. Auf jeden Fall sollten es die Werbestrategen mit der Kinder- und Jugendsprache nicht übertreiben, denn „die falsche Jugendsprache ist sogar noch schlimmer als keine Jugendsprache!" *[Dammler / Barlovic / Melzer- Lena, 2000, S.183]*.

Zwar gibt es in diesem Zusammenhang viele englischsprachige Werbetexte und Jingles (z.B. „Just do it" von Nike), in Bezug auf Kinder sollte aber auf jeden Fall in deutscher Sprache geworben werden, da die meisten Kinder unter zwölf bzw. 13 Jahren noch (fast) keine englischen Sprachkenntnisse besitzen.

Auch verschiedene Schriftarten können bestimmte Stimmungen und Emotionen hervorrufen. Während „runde" Schriftarten zu „lebendigen, funkelnden, verträumt ruhigen und hochragenden" Stimmungen führen können, stehen „eckige" für „würdevolle" Emotionsauslösungen, wohingegen „fette" Schriftarten eher für „traurige", „würdevoll" aber auch „dramaturgische" und dynamische Stimmung sorgen können. Die Typographie sollte daher dem Alter der anvisierten Zielgruppen angepasst werden *[Dammler / Barlovic / Melzer- Lena, 2000, S.183]*.

## 5.4 Geschlechtsspezifische Werbetricks

Noch immer bestehen geschlechtsspezifische Unterschiede in der Ansprache von Kindern, deren Lebens- und Traumwelten sich bis zum 12. Lebensjahr voneinander trennen lassen. Dabei gibt es einige Unterschiede zwischen Jungen und Mädchen, die die Werbefachleute beachten.

Während die Jungen im Gegensatz zu den Mädchen viel stärkere Reize brauchen, geben sich die Mädchen schon mit viel reizschwächeren Handlungen zufrieden. Dammler / Barlovic / Melzer- Lena *[2000, S.186 f.]* geben hierzu das Beispiel vom Leseverhalten der beiden Gruppen an. Während sich Mädchen als begeisterte Bücherwürmer entpuppen und sich daher auch für Werbespots begeistern können, die eine Geschichte erzählen, kommen die Werbestrategen bei den Jungen hingegen, die sich vielmehr für actionreiche Comics begeistern lassen, lieber „gleich zur Sache".

Zudem verhalten sich Mädchen bei der Rezeption von Werbespots eher projektiv. D.h., dass sie sehr gerne an Werbesituationen teilnehmen und mit den anderen Akteuren interagieren, wohingegen sich die Jungen durch ihr identikatives Verhalten hauptsächlich mit den Hauptdarstellern der Werbespots identifizieren und auf anderweitige Geschichten lieber verzichten können.

Auch die unterschiedlichen Anforderungen, die an die Werbung bzgl. geschlechtsspezifischer Unterschiede gerichtet werden können, wurden von Dammler / Barlovic u.a. anhand von einigen weiteren Eigenschaften näher erläutert.

Danach unterscheiden sich Mädchen und Jungen immer noch traditionell nach den Farben. Rosa oder rote Farben werden für Mädchen angewendet, wohingegen eher blaue oder schwarze Farbtöne für die Jungen eingesetzt werden.

Während die Jungen Zeichentrick-Charaktere wie die „Power Rangers" oder „Ninja Turtles" bevorzugen, stehen Mädchen vielmehr auf friedvollere und niedlichere Charaktere, wie beispielsweise auf Disney- Figuren.

Auch die sprachliche Äußerung der Kinder teilt sich nach diesem Schema auf. Gewalt- und kraftverherrlichende Äußerungen seitens der Jungen stehen im Gegensatz zu den liebevollen und sanften Worten der Mädchen.

## 5.5 „Below the line"

Der „Below the line"- Begriff stellt im Gegensatz zu den vorherigen Werbestrategien eine weitere Art der Werbevermittlung dar, die sich nicht wie die anderen in die klassische Werbung eingliedern lässt.

Es handelt sich hierbei um Direktwerbung, Sponsoring und Verkaufsförderung. Während beim Sponsoring ein „unternehmensfremdes Projekt" *[Neumann- Braun / Erichsen, 1995, S.33]* gefördert wird, wird die Verkaufsförderung eines Produkts gezielt vom eigenen Unternehmen durchgeführt.

Das sog. Merchandising, das eher zur Verkaufsförderung zählt, vermarktet z.B. die den Kindern bereits aus den Serien und Filmen bekannten Figuren außerhalb des Programms und macht sich dabei die Bekanntheit der Figuren aus Fernseher und Kino zunutze. Ziel dieser Verkaufsstrategie ist es, Kinder durch die Popularität der betreffenden Figur emotional zu berühren und sie zum Kauf zu bewegen.

Ein gutes Beispiel für das oben beschriebene Merchandising sind die populären Pokémons, deren Beliebtheit mittlerweile wieder zurückzugehen scheint, da sie von anderen neuartigen Produkten, die zur Zeit hoch im Trend sind, immer mehr verdrängt werden. Eine Zeit lang gab es auf dem Markt ein breitgefächertes Angebot an Pokémon - Produkten, wie z.B. Bettwäsche, Postkarten, T- Shirts usw. Das Ziel dieser Verkaufsstrategie geht über die Kaufanimierung hinaus. Die Figuren werden soz. aus dem Fernseher herausgezaubert, um in die Kinderzimmer hineinzudringen, und somit zum endgültigen Bestandteil der alltäglichen Lebenswelt der "Kleinen" zu werden.

Die Merchandising- Produkte weisen jedoch einen erheblichen Nachteil auf, da sie eher einen „symbolischen als einen Gebrauchswert" aufzeigen *[Aufenanger, www.erzwiss.uni-hamburg.de]*. D.h., dass Kinder dadurch sehr oft und auch sehr schnell das Interesse an der erworbenen Figur verlieren und stattdessen gleich Ausschau nach einer anderen Figur halten. Aufenanger bezeichnet diese Produkte daher vielmehr als sog. „Ausstellungsobjekte".

Die Direktwerbung zielt auf die direkte Ansprache der Kinder durch Briefsendungen und / oder Telefonanrufen ab. Auch Kinder- Kundenclubs spielen in diesem Zusammenhang eine große Rolle. Die Kinder erhalten eine eigene Mitgliedsnummer und genießen dabei das Privileg einer kostenlosen Mitgliedschaft, in welcher sie von dem jeweiligen Unternehmen sowohl angerufen als auch angeschrieben werden. Diese Mitgliedschaft und speziell die direkte Ansprache durch das betreffende Unternehmen vermitteln dem Kind das Gefühl, wie ein Erwachsener ernstgenommen und auch geschätzt zu werden, wohingegen das Unternehmen wie beim Sponsoring als auch bei der Verkaufsförderung hauptsächlich nur auf eines abzielt - die Absatzsteigerung.

## 5.6    Ergebnisse zu den verschiedenen Gestaltungselementen

Handlungs- und actionreiche Werbespots zählen zu den beliebtesten Spots von Kindern *[Winter, 1983, S.51]*. Dabei erinnern sich die Kinder besonders an die Werbespots, die auf eine humorvolle Art und Weise gestaltet wurden und sie auch dementsprechend gut unterhalten haben. Weiterhin konnte festgestellt werden, dass sich Kinder Reime und Melodien gut behalten und leicht merken können.

Zusätzlich erfreuen sich diejenigen Werbespots hoher Beliebtheit, die sich durch kurze Schnittfolgen und schnelle Kameraführungen kennzeichnen.

Wie bereits erwähnt, dient die musikalische Betonung eines Werbespots der Erhöhung der Aufmerksamkeit. Auffällig ist jedoch, dass sich Kinder besonders an solche Spots erinnern können, die mit ihnen gar nicht in Verbindung stehen, sondern eher für Erwachsene konzipiert wurden. Eine mögliche Erklärung dafür ist vielleicht die Tatsache, dass Kinder nicht unbedingt durch das beworbene Produkt, sondern besonders durch die Gestaltung des jeweiligen Werbespots angesprochen werden. Diese Tatsache ist für die Werbestrategen ein wichtiger Aspekt für die Manipulation der Kinder und die sich daraus resultierende Beeinflussung ihrer Eltern für das beworbene Produkt.

Eine andere von Heining und Haupt im Jahre 1988 durchgeführte Studie *[in: Baacke, Sander, Vollbrecht, 1993, S.149 ff.]* hingegen, die fünf- bis 15jährige Kinder zum Werbefernsehen untersuchte, berichtet in diesem Zusammenhang, dass sich Kinder besonders an die Werbespots erinnern konnten, die kinderspezifische Produkte beinhalteten. Bei den Werbespots hingegen, die Reime oder Sprüche aufwiesen, spielte es anscheinend keine Rolle, ob es sich um spezielle Kinderprodukte handelte oder nicht.

Beispiele sind: "AEG - Aus Erfahrung gut." - *AEG, 1958,* "Nichts ist unmöglich." -
*Toyota,* "Willst du viel, spül' mit Pril." - *Pril usw. (siehe*
*http://de.wikiquote.org/wiki/Werbespr%C3%BCche )*
Sie konnten trotzdem sehr leicht erinnert und nachgesprochen werden.


5.7    Fazit


Den Werbestrategen kann abschließend ein taktisches Vorgehen im Kampf um
die Kinder als Konsumenten zugesprochen werden. Werbung wird in diesem
Zusammenhang nicht wahllos eingesetzt, wie viele es vielleicht annehmen mögen.
Die Werbefachleute gehen vielmehr gezielt und strikt in ihrer Werbestrategie vor.
Sie beobachten ihre Zielgruppe Kinder dabei, wie es in diesem Kapitel nachgewiesen werden konnte, nach verschiedenen Aspekten und Merkmalen.
Die permanente Entwicklung der "Kleinen", erfordert im Gegensatz zur Erwachsenenwelt, eine von den Werbestrategen gezielt anvisierte Ansprache der Bedürfnisse, Interessen und Vorlieben ihrer schnell wechselnden Entwicklungsphasen,
was sich nicht gerade als unkomplizierte Herausforderung für den Werbemarkt
darstellt.

# 6 Kinder und Konsum

## 6.1 Kaufkraft der Kinder

Kinder sind im Laufe der Zeit zu einer von der Werbewirtschaft stark umworbenen Marktmacht geworden. Trotz ihres geringen Alters zählen sie heute zu den kaufkräftigsten Konsumenten, verfügen schon über eigene finanzielle Mittel und zählen sogar zu den stolzen Besitzern eines kleinen Bankkontos.

Die finanzielle Ausstattung von 2808 Kindern wurde in diesem Zusammenhang bereits im Jahre 1993 vom Institut für Jugendforschung (IJF) in München *[Quelle: Schüler- Mediaanlayse, 1993]* näher untersucht, wobei nachgewiesen werden konnte, dass die jährlichen „Einnahmen" der sieben- bis 15- Jährigen in Deutschland damals rund 11,5 Milliarden DM ausmachten. Die „Einnahmen" der Kinder setzen sich dabei aus dem Taschengeld, den Geldgeschenken zu besonderen Anlässen, dem gesparten Geld und den zusätzlichen Geldzuwendungen zusammen.

Auch nach einer vom Egmont Ehapa Verlag, der Axel Springer AG und der Bauer Verlagsgruppe im Jahre 2002 repräsentierten Kids-Verbraucher-Analyse verfügten allein die sechs- bis 13jährigen Kinder jährlich über 5,12 Milliarden Euro.
Dabei stehen den sog. „Skippies" (School Kids With Income) *[Lange, / Didszuweit, 1997, S.48]* allein an Taschengeld im Monat durchschnittlich rund 18 Euro zur Verfügung, wobei die sechs- bis neun- Jährigen monatlich über 12 Euro verfügen und die zehn- bis 13- Jährigen hingegen bereits über die doppelte Menge.

Eine weitere Untersuchung von 2643 Kindern und Jugendlichen zwischen sechs bis 19 Jahren *[Kids- Verbraucher- Analyse, 07/2003]* ergab, dass ihre Finanzkraft in einem Zeitraum von nur zwei Jahren um ganze 24 % angestiegen ist und die Jungen und Mädchen monatlich über durchschnittlich 73 Euro an finanziellen Mitteln verfügen. Weitere Ergebnisse und genauere Details dieser Studie können folgendem Schaubild entnommen werden.

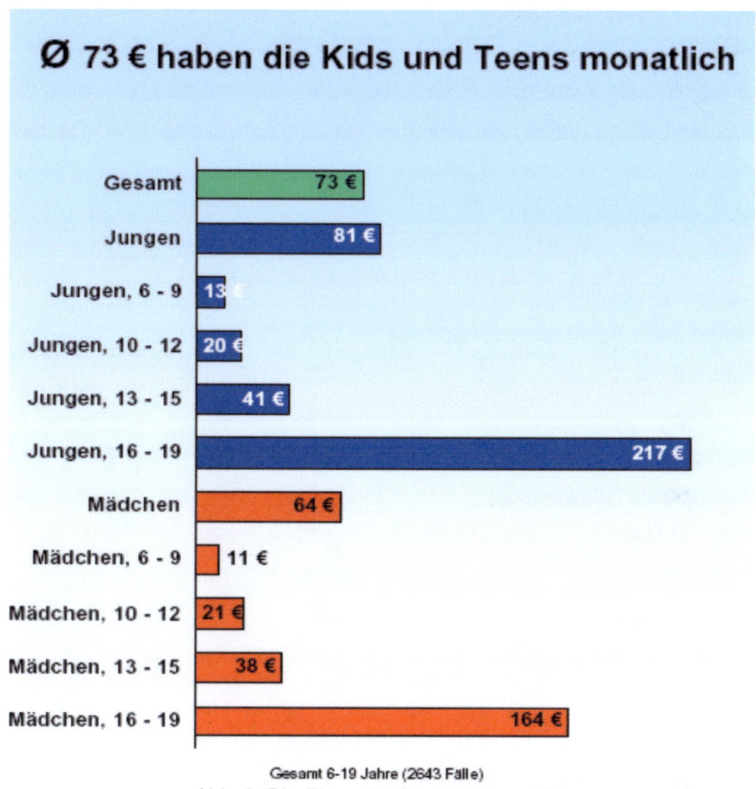

Gesamt 6-19 Jahre (2643 Fälle)

Abb. 3: Die Finanzkraft von Kids und Teens

### 6.1.1 Sparziele der Kinder

Durch den selbständigen Umgang mit Geld erlernen Kinder den ersten grundle-
genden Schritt zur Eigenverantwortung. Dies spiegelt sich ganz besonders im
Sparverhalten der "Kleinen" wider, wenn man bedenkt, dass in einer im April 2003
durchgeführten Untersuchung der Kids- Verbraucher- Analyse rund 90 % aller
1957 Kinder sparen und ihr ganzes Geld nicht sofort unüberlegt ausgeben
*[http://www.ndr.de/ndr/service/archiv/familie/20020905.html]*.

Den vernünftigen Umgang mit Geld müssen die Kinder erst lernen. Das Taschengeld stellt dabei im Gegensatz zu den anderen Formen des Gelderwerbs das
beste Mittel dar, ihre eigenen Erfahrungen machen und mit einer bestimmten
Summe auskommen und sich bestimmte Wünsche realisieren zu können.

Doch wofür wird überhaupt gespart?

Das Institut für Jugendforschung (IJF) befragte diesbezüglich im Jahre 2000 sechs- bis achtjährige Kinder, die ihre Sparziele angeben sollten *[media & marketing, 8-9/2000, S.86/87]*. Dabei ergab sich eine Rangliste von zwölf verschiedenen Sparzielen, die wie folgt lauten:

| | | |
|---|---|---|
| 1. | Spielzeug allgemein | 25% |
| 2. | Computer- / Spielekonsole- Spiele | 15% |
| 3. | Fahrrad | 9% |
| 4. | Haustier | 8% |
| 5. | Computer / Spielekonsole | 6% |
| 6. | Audiogeräte (Walkman etc.) | 6% |
| 7. | CD / LP / MC | 4% |
| 8. | Kleidung | 3% |
| 9. | Urlaub / Reisen | 3% |
| 10. | Sport- / Turnschuhe | 2% |
| 11. | Handy | 2% |
| 12. | Musikinstrumente | 1% |

(Quelle: *Institut für Jugendforschung (IJF), München. Taschengeld- Kalender 2000, Juni 2000.*)

Auch in der im Juli 2003 erschienenen Kids- Verbraucher- Analyse sparen die Sechs- bis Zwölfjährigen besonders für Spiele, Spielzeuge oder Handys. Während in diesem Alter besonders die Jungen für Fahrräder oder Videospiele sparen, bewahren die Mädchen hingegen ihr Geld vielmehr für Bekleidung und Schuhe auf (siehe Anhang).

6.1.2  Selbständiges Einkaufsverhalten

Kinder treten immer früher und öfter als eigenständige und selbstbewusste Käufer auf.
Eine in den USA von McNeal *[1969, S.260ff.]* durchgeführte Studie soll diesbezüglich einen genaueren Einblick in die Entwicklung des Einkaufverhaltens von

Kindern verschaffen. Danach kann die Hälfte der fünfjährigen Kinder Einkäufe selbständig durchführen, wobei sie ihre materiellen Wünsche jedoch noch von ihren Eltern erfüllen lassen.

Als „potentielle Käufer" können hingegen Kinder ab sieben Jahren bezeichnet werden, die fast alle ihre Einkäufe auch selbständig tätigen können. Besonders neunjährige Kinder können bereits zu den „praktizierenden Konsumenten" gezählt werden. Der Besitz von finanziellen Mitteln wird in dieser Altersgruppe dabei als etwas Alltägliches und Normales empfunden.

Die Ergebnisse dieser Studie konnten auch nach einer in Deutschland durchgeführten Studie *[Axel Springer Verlag AG, S.30]* bestätigt werden.

Danach tätigen bereits drei- bis vierjährige Kinder ihre Kaufentscheidungen selbständig, während die siebenjährigen Kinder zu 73% ihre Einkäufe selbst durchführen und sich diese Zahl bei den neunjährigen Kindern auf ganze 97% erhöht.

Auf die Frage, wofür die angesprochenen Kinder ihr Geld in erster Linie ausgeben, nannten in der bereits erwähnten Fessel- Studie *[1997, S.76ff.]* 40% der "Kleinen" die „Süßigkeiten", wohingegen 10% „Geschenke", 8% „Zeitschriften", 8% „Schulsachen" und nur 7% „Spielzeuge" angaben.

Auch in der im Jahre 2003 durchgeführten Studie der KVA gaben die sechs- bis zwölfjährigen Kinder an, ihr Taschengeld hauptsächlich für Süßigkeiten auszugeben, gefolgt von Kinder- und Jugendzeitschriften und Eis (siehe Anhang). Dabei kaufen sich die 13- bis 19jährigen Mädchen und Jungen in erster Linie Zeitschriften und Zeitungen, gefolgt von CD' s, Essen und Kino.

Ein bestimmter Teil des Taschengeldes wird bei den über 13-Jährigen zur Finanzierung der Handykosten aufgebraucht. Auch geschlechtsspezifische Ausgaben des Taschengeldes sind in dieser Altersgruppe zu beobachten. Während die Jungen sich bevorzugt Computer- oder Videospiele kaufen, geben Mädchen einen Teil ihres Taschengeldes für Kosmetik, Körperpflege, Schuhe und Bekleidung aus. Das Taschengeld wird für verschiedenste Produktkategorien ausgegeben, wie auch Glogauer *[1995, Tabelle 20, S.99]* sie bereits zusammengefasst hat: Spielzeug, Süßigkeiten, Unterhaltung, Nützliches bzw. Schulsachen und elektronisches Spielzeug.

## 6.2    Markenkenntnis - Markenbewusstsein - Markenbindung

„Kinder und Jugendliche von heute sind die erwachsenen Konsumenten von morgen" *[Claar, 1996, S.138]*.

Daher versuchen die Werbestrategen die jungen Zielgruppen mit Markenprodukten vertraut zu machen, besonders auch mit solchen, die eigentlich von Erwachsenen erworben werden. Ziel dieser Strategie ist es, Kinder für bestimmte Marken aufmerksam zu machen und dadurch Vorlieben zugunsten dieser Marken zu erwecken, um die Markennamen in den Köpfen der "Kleinen" möglichst dauerhaft zu verankern.

Zudem besitzen zahlreiche Marken eine Art „Kultcharakter" *[http://www.ndr.de/ndr/service/archiv/familie/20020905.html]* und fungieren als Statussymbol, um die eigene Individualität und die Qualität des jeweiligen Produkts öffentlich sichtbar produzieren zu können. Diese Ansicht vertreten mehr als die Hälfte der 14- bis 19- Jährigen, die die Markenartikel besser einschätzten, als markenlose Waren *[Dokumentation „Der Jugendmarkt" (1990/91), Köln; zit. in: Bravo Jugend- Marktreport]*. Dabei achten Kinder heutzutage besonders auf Marken und besitzen schon in jungen Jahren über eine gute Markenkenntnis.

Besonders die "Kleinen" verfügen schon über ein großes Markenwissen, noch bevor sie überhaupt lesen oder schreiben lernen. Diesbezüglich wurden in einer Untersuchung des IJF 100 Kinder im Alter von drei bis sechs Jahren befragt *[Berger, R.]*. Dabei wurde die Wiedererkennung bestimmter Markenlogos näher untersucht, wobei bereits die Dreijährigen ein Fünftel der Logos richtig zuordnen konnten. Besonders das Markenlogo von McDonald's konnte im Vergleich zu den anderen Marken am besten zugeordnet werden.

Während neun von zehn das Markenlogo McDonald's wiedererkennen konnten, gaben ganze 68 % bzw. über zwei Drittel der befragten Kinder an, das Aldi- Logo in den vorgelegten Bildern erkannt zu haben. Dieses Ergebnis ist in dem Sinne erstaunlich, da es sich bei Aldi nicht gerade um Kinder-, sondern vielmehr um Erwachsenenprodukte handelt. Außerdem gaben 61 % der Befragten an, das

Markenlogo Coca- Cola, 61 % das Smarties- Logo, 52 % das Lego- Logo und 47% das Milka- Logo wiedererkannt zu haben.

Auch das frühe Einprägen von Markenbildern konnte in den Untersuchungen des IJF häufig erforscht werden. Dabei wurden die Kinder gebeten, Marken zu zeichnen, anhand welcher eine deutliche Positionierung des Ritter-Sport-Logos („quadratisch- praktisch- gut") nachgewiesen werden konnte.

Wer für die Zukunft „markentreue Konsumenten gewinnen will, muß schon bei den Kindern und Jugendlichen beginnen" *[Lange / Didszuweit, 1997, S.75]*.
„Bereits zwischen 9 und 11 Jahren entwickeln Kinder ein kritisches Qualitätsdenken und vergleichen sehr genau die Versprechungen der Werbung mit der Produktwirklichkeit. Präferenzen für bestimmte Produkte werden dann oft im Erwachsenenalter beibehalten" *[Gruner + Jahr Verlag, Juli 1994, Nr.27]*. Dabei entscheidet sich die Hälfte der Heranwachsenden „bis zu ihrem neunten Lebensjahr für ein bestimmtes Colagetränk, eine Lieblings- Computerfirma und einen speziellen Schokoriegel", so dass mehr als zwei Drittel dieser Kinder ihre Lieblingsmarken auch später behalten, wenn sie erwachsen sind *[Der Spiegel, Nr.50/93, S.84]*.

Spätestens zum 16. Lebensjahr stabilisieren sich dann auch die Markenpräferenzen und festigen sich die Markenbindungen, so dass auch weiterhin das jeweilige Markenprodukt den anderen vorgezogen wird *[Lange / Didszuweit, 1997, S.74]*.
Die frühe Markenpositionierung und Markenbindung kann im Idealfall dazu führen, dass das Produkt zum Synonym einer bestimmten Marke wird. Ein gutes Beispiel hierfür ist der Markenname des Taschentuchs „Tempo". Dieser Name hat sich bereits in vielen Köpfen so gut verankert, dass speziell in diesem Fall sehr oft nach einem „Tempo" statt nach einem Taschentuch verlangt wird.
Ein weiteres Beispiel ist der Lippenpflegestift „Labello". Auch in diesem Fall ist oft von einem „Labello" die Rede, obwohl es sich im Grunde häufig um verschiedene Lippenpflegestift- Marken handelt.

In einer Studie wurden in diesem Zusammenhang 337 Kinder bzw. Jugendliche zwischen zehn und 17 Jahren befragt, wie treu sie ihrer Marke geblieben sind, d.h.

ob sie bei der ersten Lieblingsmarke, die sie in ihrem frühen Kindesalter für ein Produktbereich bereits besessen hatten, geblieben sind. Für den Produktbereich „Jeans" bestätigten dies ganze 89 %, für Deodorants 81 %, Cerealien 77 %, Turnschuhe 76 %, Fruchtsäfte 76 %, Limonade und Cola 72 %, Eis 66 % und für den Produktbereich Rucksack rund 65 % *[Quelle: Bravo Faktor Jugend 2. In: KSA-Archive, 2001, Katlg- Nr. Master01, S.11]*.

Über 80 % der befragten sechs- bis 14jährigen Kinder des IJF konnten spontan eine Marke bei Süßwaren, Getränken und sogar im Automobilbereich nennen, wobei fast 60 % von ihnen bzgl. Süßwaren sogar eine Lieblingsmarke besaßen. Dabei steht die Marke „Milka" deutlich an der Spitze der Beliebtheitsskala gefolgt von „Haribo".

Die Markenkenntnis und die Bindung der Kinder an diese spielen dabei nicht nur für Werbestrategen eine entscheidende Rolle, sondern sie sind auch für Kinder sehr wichtig. Ingo Barlovic, Senior Projektleiter bei Iconkids & Youth in München und Co-Autor des Buchs „Marketing für Kids und Teens" erklärt in diesem Zu-sammenhang, dass die Marke für bis zu achtjährige Kinder ein Gütesiegel dar-stellt. Wächst der Markenbegriff, so steht die Marke nicht mehr für ein Produkt, sondern auch für Lebensgefühl und Angesagtheit in der Clique.
Während für sechsjährige Kinder z.B. Coca- Cola einfach nur gut schmeckt, stellt es für Acht- und Neunjährige etwas Verbotenes dar, wohingegen für Zwölfjährige Coca-Cola für Erfrischung und „The American way of life" steht *[media & marke-ting 8-9/2000, S.88]*.
Kinder zeigen sich zunehmend markenbewusst und unterliegen ihren Cliquen bzw. Peer- groups, einem enorm starken Markendruck. Dabei wurden in einer Studie der KVA im Jahre 1999 2169 sechs- bis 17jährige Kinder danach gefragt, bei welchen Produkten ihnen die Marke wichtig ist. Die folgende Tabelle soll in diesem Zusammenhang das Antwortverhalten der Kinder, die in drei Altersgrup-pen aufgeteilt wurden, genauer erläutern:

| Produkt | 6-9 Jahre | 10-13 Jahre | 14-17 Jahre |
|---|---|---|---|
| Sportschuhe | 48,5 | 67,1 | 78,5 |
| Jeans | 36,7 | 61,8 | 78,3 |
| Bekleidung | 33,1 | 54,3 | 71,0 |
| Armbanduhren | 27,1 | 48,5 | 56,6 |
| Taschen, Rucksäcke | 46,5 | 57,8 | 55,8 |
| Haarshampoo | 27,3 | 32,7 | 51,6 |
| Getränke | 44,4 | 43,1 | 51,5 |
| Hi-Fi- Anlage | 16,2 | 32,5 | 49,0 |
| CD-Player | 16,8 | 32,2 | 45,9 |

Tabelle 5: Markenbewusstsein und -relevanz

[Quelle: *Kids- Verbraucher- Analyse, 1999, Prozentangabe. In: KSA- Archive, 2001, Katlg-Nr. Master01, S.9*].

Auch die favorisierten Marken von sechs- bis zwölfjährigen Kindern wurde von der KVA im Jahre 2003 genauer untersucht, wobei im folgenden nur einige Angaben der sechs- bis zwölfjährigen Kinder kurz angesprochen werden sollen.

Dabei wurden von den kleinen erfahrenen Kennern u.a. für die Produktbereiche: Eismarken, Riegel, Tafelschokolade, Schokoprodukte, Limonade/Brause, Frucht-säfte/Sportler-Drinks, Cola-Getränke, Milchmixgetränke, Frühstückspro-dukte, Brotaufstriche, Dessertspeisen, Bekleidung/Jeans, Schuhe, Spiele/ Spielzeug, Taschen / Ranzen und Schulbedarf, die folgenden Markennamen (in Prozent) angegeben:

Magnum (46%), Duplo (71%), Kinder Schokolade (77%), Kinder Überraschung (55%), Fanta (61%), Punica (44%), Coca- Cola (55%), Nestle Nesquik Pulver (58%), Kellogg's Chocos (36%), Nutella (76%), Milch- Schnitte (60%), Adidas (44%), Adidas (50%), Lego (67%), Scout (37) und UHU (56%) als Schulbedarf *[vgl. auch Hansen, 2003]*.

## 6.3    Markenkommunikation

Markenbilder tragen für die Attraktivität der Werbung eine entscheidende Rolle. Denn durch sie kann eine Marke erst richtig zur Geltung kommen, sich von anderen Marken unterscheiden bzw. richtig positionieren.

Für die richtige Auswahl der Werbebilder, die eine hohe Attraktivität, Unverwechselbarkeit und Bindung an die Marke erlangen sollen, gibt es drei Faustregeln *[Dammler / Barlovic / Melzer- Lena, 2000, S.207 ff.]*.

Als erste Regel sollten klare, eigenständige Markenbilder gewählt werden, die sich von den anderen möglichst gut unterscheiden lassen, wie z.B. der Tiger Tony von Kellogg's Frosties oder der Hase Quicky von Nesquik.

Zweitens sollten Markenbilder gefunden werden, die auch einen bestimmten Nutzen aufweisen, der aus dem Kern der Marke herauskommen sollte. Ein Beispiel hierzu ist der Tiger Tony, der durch den Konsum seiner Kellogg's Frosties die ganze Kraft und Dynamik, die in ihm steckt, den "Kleinen" sichtlich präsentiert. *[http://www.sportkelloggs.ie/images/Content/tonysurf.jpg]*

Abb. 4: Markenbilder Tiger Tony und Punica
http://indaco.de/wp-content/uploads/2010/02/punicalogo2.png

Auch das Getränk Punica hat eine Zeit lang den Kern der Marke, die Erfrischung, mittels einer in Zeichentrick dargestellten Oase deutlich in den Vordergrund der Werbung gestellt.

Die dritte und letzte Faustregel ist für die Markenbindung besonders wichtig. Um einen dauerhaften Übergang von der Werbung auf die Marke zu erreichen, sollte auf einen ständigen Wechsel der Werbebilder verzichtet werden.

Wenn adidas *[http://www.cik-net.demon.co.uk/fic/images/adidas.gif]* plötzlich nicht mehr mit seinen drei Streifen, sondern z.B. mit zwei Kreisen oder anderen Werbebildern werben würde, wäre ein Bruch im Transfer von der Werbung auf das Markenbild nicht verwunderlich. Logos wie das von Coca- Cola *[http://www.downtownstockton.org/images/sponsor-coca-cola.jpg]* oder der Swoosh von Nike *[http://www.lucjam.com/nike.gif]* haben sich in den Köpfen der Menschen bereits gut eingebrannt und sollten für eine erfolgreiche Markenkommunikation nicht dauernd geändert werden (siehe Abbildung).

Abb. 5: Werbebilder Adidas, Nike und Coca- Cola

Marken fungieren nicht nur als Symbol für ein Produkt, sie spielen auch eine wichtige Rolle für die Kinder. Nicht nur, weil sie für die Qualität eines Produktes stehen können, sondern weil durch gemeinsam akzeptierte Marken die sozialen Bindungen untereinander auch verstärkt werden können, was in den Cliquen bzw. Peer- groups entscheidend ist.

Gelingt es zudem einer Marke, sich im Gedächtnis eines Kindes festzusetzen, so besteht mit hoher Wahrscheinlichkeit auch die Möglichkeit, dass die Werbemacher mit dieser Marke auch in späteren Jahren noch einen guten Umsatz erzielen können.

Die Gewinnung von Kindern als (zukünftige) Konsumenten kann also dazu führen, dass sie dieselbe Marke ihr Leben lang treu einkaufen.

Abschließend lässt sich sagen, dass Kinder heutzutage finanziell gut ausgestattet sind und zugleich über gute Produktkenntnisse sowie ein bestimmtes Markenbewusstsein verfügen.

## 6.4 Kinder als Beeinflusser von Kaufentscheidungen

Ungefähr 60 Prozent aller Kaufentscheidungen werden nicht alleine gefällt. Dabei spielt die Beeinflussung der Konsumenten eine große Rolle *[Felser, 2001, S.239]*.

### 6.4.1 Kinder als Kaufbeeinflusser der Eltern

Besonders die sog. Primärgruppen bzw. die Familie spielen in diesem Fall eine bedeutende Rolle. Außer der unmittelbaren Kaufentscheidung verfügen Kinder zusätzlich noch über eine indirekte Kaufkraft. Diese wird aufgrund ihres Einflusses auf die Kaufentscheidungen der Eltern bzw. Familienangehörigen wahrgenommen.

Durch das „Verschwinden der Kindheit" und die zunehmende Selbständigkeit gewinnen Kinder heutzutage immer mehr an Mitspracherecht, wenn es um Kaufentscheidungen geht. Dabei äußern sie neue Wünsche, unterbreiten Kaufvorschläge, geben Anregungen und rufen immer häufiger Entscheidungen hervor, die auch die ganze Familie betreffen. „Sie sind häufig Markenentdecker,   -empfehler und –durchsetzer in einem" *[Dammler / Barlovic / Melzer- Lena, 2000, S.19]*. Dies ist darauf zurückzuführen, dass sich Kinder im Gegensatz zu ihren Eltern heutzutage besser informieren als sonst. Doch sie nehmen nur dann Einfluss auf die Kaufentscheidungen der Eltern, wenn sie in bestimmten Bereichen gewisse Kompetenzen aufgebaut haben und sich auch dementsprechend für das jeweilige Produkt interessieren. Das Desinteresse macht sich besonders beim Kauf von Waschmaschinen bemerkbar. Danach nehmen nur zehn Prozent der Jugendlichen Einfluss auf den Kauf einer Waschmaschine *[Dammler / Barlovic / Melzer-Lena, 2000, S.19]*.

Wird also in der Werbung für Familienprodukte geworben, die auch das kindliche Interesse auf sich ziehen, sollten aus Sicht der Werbemacher auch verstärkt die jüngeren Familienmitglieder angesprochen werden. Kinder werden nämlich im Vergleich zu früher immer kompetenter und informieren sich auch genauer über bestimmte Produkte (besonders auch Familienprodukte), die sie auch interessieren. Aus diesem Grund sollten sie von den Werbestrategen auch ernster wahrgenommen werden.

Der Ablauf des Kaufentscheidungsprozesses innerhalb der Primärgruppe lässt sich dabei in drei Phasen einteilen *[Winter, 1983, S.7]*:
1.    Ideenfindung und Einbringung des Vorschlages
2.    Informationsbeschaffung und Alternativenbewertung
3.    Entscheidung und Durchführung des Kaufaktes

In einer von Szybillo und Sosamie *[1977, S.46-49]* durchgeführten Untersuchung wurden die Entscheidungsabläufe auf den soeben beschriebenen drei Phasen untersucht. Es ging dabei um den Besuch eines Schnell-Imbiss Restaurants und die Tätigung eines Tagesausfluges. Bezüglich des Besuches des Schnell- Imbiss Restaurants wurde eine gemeinsame Entscheidungsfindung von Vater, Mutter und Kind zu 55 Prozent festgestellt, während das Mutter-Kind-Bündnis und die Einzelinitiative des Kindes jeweils elf Prozent betragen haben.

Bei der „Ausflug- Entscheidung" hingegen dominierte die gemeinsame Entscheidung mit 48 Prozent, gefolgt von der Vater- Mutter Koalition mit 34 Prozent.

Bei einer Befragung von 924 Kindern von sechs bis 14 Jahren wurden die Erfolgsaussichten bei der Einflussnahme auf die Eltern näher untersucht *[Berger, R.; Quelle: IJF]*. Dabei gaben 75 Prozent der Kinder an, dass die für den Schulbedarf präferierten Produkte von den Eltern auch immer bzw. meistens gekauft wurden. 72 Prozent lassen sich dabei den Eiswunsch immer bzw. meistens erfüllen, gefolgt von 67 Prozent, denen es gelingt, dass die Eltern Milchprodukte kaufen. Weitere 67 Prozent setzen ihre präferierten Getränke durch, 67 Prozent Frühstücksprodukte, ganze 62 Prozent Süßigkeiten, 60 Prozent Knabbersachen und 56 Prozent normale Sachen zum Essen.

Besonders groß ist der Einfluss bei Süßigkeiten, Getränken und Joghurt, so die KVA im Jahre 1996. So haben 82 Prozent der Acht- bis 17jährigen einen Einfluss beim Kauf von Tafelschokoladen, 75 Prozent bei Cornflakes, 73 Prozent einen Einfluss bei Cola und ganze 69 Prozent bei Nuss- Nougat- Creme *[Dammler/ Barlovic/ Melzer- Lena, 2000, S.19]*.

Doch nicht nur bei Lebensmitteln, sondern auch bei langlebigen Gebrauchsgütern nehmen die Kinder einen starken Einfluss auf die Kaufentscheidungen ihrer Eltern. Demnach nehmen 72 Prozent der Zwölf- bis 17jährigen Einfluss auf die Wahl der HiFi- Anlage, 52 Prozent auf die Wahl des Videogerätes und über ein Drittel der Kinder und Jugendlichen auf die Auswahl des Autos.

Eine nähere Untersuchung von 500 Kindern bzw. Jugendlichen im Alter von acht bis 17 Jahren und ihren Müttern im Jahre 1996 des IJF *[vgl. Schneider, 1996, S.16-18]* ergab, dass sich die Kinder im Vergleich zu früher immer mehr auf bestimmte Marken fixieren und bei den Eltern durch ständige Dialoge, die sie über diese Marken führen, einen gewissen Informationsdruck ausüben. Dabei konnte auch nachgewiesen werden, dass Kinder mit zunehmendem Alter von ihren Eltern um Rat gefragt und bereits ab einem Alter von 16 Jahren als gleichberechtigte Entscheidungspartner angesehen werden. Der eigene Einfluss wurde von den Kindern bzw. Jugendlichen jedoch viel höher eingestuft, als deren Mütter. Je stärker das betreffende Produkt von den Kindern genutzt wird, um so größer wird der Kaufeinfluss. Dies zeigt sich besonders im Lebensmittelbereich.
„Das, was in der Familie gegessen wird, wird überwiegend von den Kindern bestimmt" *[Barlovic, 2001]*. Die Kaufwünsche der "Kleinen" werden also weitgehend ernstgenommen. Rund die Hälfte der befragten Eltern *[werben & verkaufen, Nr.38/96, S.208]* möchte dem Kind dadurch einen Gefallen erweisen, wohingegen 41 Prozent zugeben, dass sich das Kind mit dem Produkt besser auskennt. Während 41 Prozent erklären, dass das Kind zufriedener ist, wenn man auf seine Wünsche eingeht, geben ganze 40 Prozent einfach zu, dass sie nur ihre Ruhe haben wollen und deshalb auf die Kaufwünsche der Kinder eingehen.
Aber wie gelingt es den Sprösslingen, ihren eigenen Willen so vehement durchzusetzen? Die Taktiken und Strategien der "Kleinen" soll im Folgenden näher erläutert werden.

### 6.4.1.1    Beeinflussungsstrategien

Während die jüngeren Kinder eher emotionale Strategien anwenden, gehen die älteren vielmehr taktischer und rationaler vor.

Dabei treiben die meisten Drei- bis Achtjährigen ihre Eltern durch ständiges Wiederholen ihres Wunsches, durchgehendes „penetrantes, Mitleid erregendes Betteln" *[Berger, R.]* und psychischen Terror dazu, ihnen nachzugeben und das begehrte Produkt für sie zu erwerben. Sie wissen aber auch, dass ihre Eltern ihrem so lieblichen „Kindchenschema" kaum widerstehen können und setzen dabei alles daran, um unwiderstehlich süß und zugleich überzeugend zu wirken. Wenn das alles nicht wirkt, gibt es auch noch eine völlig entgegengesetzte Strategie, mit der man die Eltern quasi zur Verzweiflung treiben und den eigenen Willen vielleicht doch noch durchsetzen kann. Diese Strategie zeichnet sich durch lautes Kreischen, Schreien und Weinen aus, was Kinder liebend gern in Supermärkten, Spielzeugläden oder auf Spielplätzen anwenden.

Die älteren Kinder (acht bis 14 Jahre) gehen bereits viel taktischer und geschickter vor, um ihren eigenen Willen durchzusetzen. Sie wissen schon, dass sie ihre Eltern mit einer hohen Stimme und einigen Tränen nicht mehr umstimmen bzw. überzeugen können. Deshalb versuchen sie geschickter zu argumentieren, indem sie die Vorteile, die durch den Kauf des Produktes erfolgen würden, ihren Eltern näher zu bringen.

Zudem entwickeln sich die älteren Kinder mit ansteigendem Alter nicht nur zu geschickten Rhetorikern, sie agieren in ihrer Interessendurchsetzung auch zunehmend „professioneller", indem sie ihren Eltern wie kleine Geschäftsleute Tauschgeschäfte vorschlagen, wie z.B. „Ich räume dann auch mein Zimmer auf „ usw.

Ausschlaggebend für diese taktischen und strategischen Vorgehensweisen ist die Kommunikation innerhalb der Familie. „Je ausgeprägter die Kommunikation innerhalb der Familie ist, desto größer ist die Wahrscheinlichkeit einer kollektiven Entscheidung" *[Winter, 1983, S.9]*.


Es kann aber auch, wie oben beschrieben, zu Auseinandersetzungen zwischen Eltern und Kindern kommen. Diese Auseinandersetzungen über bestimmte Produkte korrelieren dabei mit der Höhe des Preises dieser Produkte *[Gleich, 1997, S.55]*.

Man kann auch zusätzlich annehmen, dass der Einfluss von Kindern auf bestimmte Konsum-, bzw. Kaufentscheidungen innerhalb der Familie auch von der individuellen wirtschaftlichen Situation der Familie abhängt.

Wie nehmen aber Eltern den Einfluss ihrer Kinder auf das Konsumverhalten wahr?

Diese und viele weitere Fragen wurden in einer von Aufenanger und Neuß im Jahre 1999 *[Projekt: Vermittlung von Werbekompetenz, S.67]* durchgeführten quantitativen Befragung untersucht. Danach wurden 306 Elternpaare von Kindern aus Schleswig- Holstein befragt, wobei rund 90 Prozent der Befragten die Beeinflussbarkeit als groß einschätzten. Auch der Einfluss des sozialen Umfeldes wurde dabei als ziemlich stark eingestuft, was in 6.4.2 näher angesprochen werden soll.

### 6.4.1.2    Kaufwünsche und Fernsehwerbung

Interessant ist der Zusammenhang zwischen der Erfüllung von Kaufwünschen der Kinder und der Beliebtheit der Fernsehwerbung *[Glogauer, 1995, S.99]*.
Werden die Kaufwünsche der Kinder von den Eltern nämlich nicht erfüllt, sinkt die Beliebtheit der Werbung. Jedesmal, wenn Kinder die Werbung sehen müssen, die das Produkt präsentiert, empfinden sie, da ihnen der Wunsch nach diesem Produkt nicht erfüllt wurde, Traurigkeit und Enttäuschung. Können die Kinder hingegen auf den Besitz des Produktes hoffen oder wurde es ihnen bereits versprochen, so erfreut sich die Fernsehwerbung großer Beliebtheit.

Zusammenfassend kann die Behauptung aufgestellt werden, dass sich die Wünsche im Kindesalter mit zunehmenden Jahren familienorientierter entwickeln und die Kommunikation innerhalb der Familie dabei ein entscheidender Faktor ist, da sie den Kaufentscheidungsprozess grundlegend determinieren kann.

### 6.4.2   Kaufbeeinflussung in der Peer- group

Neben den Eltern spielen auch die (gleichaltrigen) Freunde bei den Kaufentscheidungen der Kinder, wie bereits in 3.5 erwähnt wurde, eine wichtige Rolle. Während der elterliche Einfluss mit fortschreitendem Alter der Kinder zurückgeht, nimmt der der Peer- group stark zu. Dieser Einfluss sollte nicht unterschätzt werden. Denn es ist die eigene Clique bzw. der eigene Freundeskreis, mit dem sich das Kind mit zunehmendem Alter immer mehr identifiziert. Ab dem achten Lebensjahr legen  Kinder besonderen Wert darauf, was die anderen Gleichaltrigen tun, d.h. was sie tragen, konsumieren und wie sie sich verhalten *[Felser, 2001, S.241f.]*. Die Gruppe bestimmt dabei, was zur Zeit angesagt ist. „Um einen gleich-berechtigten Status in den Peer- groups zu gewinnen, ist das Bedürfnis nach sozialer Anerkennung besonders hoch. Um diese Anerkennung zu gewinnen, setzen Jugendliche häufig statt auf Leistung auf den Besitz von Konsumgütern, um ihren Status zu heben." *[Lange, E., 1996]*.

Der daraus entstehende Gruppendruck, der sog. „Peer- pressure", führt dazu, dass sich die Kinder gegenseitig in ihrer Kaufentscheidung beeinflussen lassen.

Es wird dabei deutlich, dass Kinder besonders auf die Sportkleidungsmarke bestehen, die auch die eigene Peer- group gut findet *[media & marketing, 6/98, S.82 ff.]*.

Alexander Falser, Projektleiter des IJF in München, hingegen hält den Druck, der von der Peer- group ausgeht, für zeitlich begrenzt. Er scheint ab dem 16. Lebens-jahr langsam nachzulassen, wobei man schon ein Jahr später, d.h. mit 17 Jahren bereits froh ist, „diese Lebensphase einigermaßen heil überwunden zu haben".

Aus eigener Erfahrung  wollen sich aktuell viele heranwachsende Kinder z.B. nicht mehr daran erinnern noch vor ein paar Jahren einen Tamagotchi besessen zu haben, welches sich damals bei den Gleichaltrigen jedoch noch großer Beliebtheit erfreute und durch den ausgelösten „Peer- pressure" quasi ein „Muss" für die Cliquenmitglieder war.

# 7 Umgang der Kinder mit Werbung

Nachdem die Bedeutung der heutigen Kindheit im Zusammenhang mit den verschiedenen Medien und ihren Werbestrategien im Hinblick auf die eigenständige Konsumentenrolle der Kinder erläutert wurde, soll in diesem Kapitel hingegen der Umgang der Kinder mit der Werbung näher analysiert werden. Dabei stellen sich u. a. folgende Fragen:

Können Kinder mit Werbung kompetent umgehen? Wenn das der Fall ist, ab welchem Alter gelingt ihnen die Unterscheidung zwischen Werbung und Programm?

Erkennen die "Kleinen" eigentlich den Werbezweck und wie wirkt sich Werbung überhaupt auf sie aus?

Welche Einstellung haben Kinder allgemein gegenüber der Werbung?

Wie Kinder mit den Medieneinflüssen umgehen und ob es für sie wirklich so schwer ist, „der Werbung und deren Wirkungsweise zu entkommen, sich nicht beeinflussen zu lassen, sein Leben nicht von den Aspekten dieser Scheinwelt gestalten zu lassen" *[Bieber- Delfosse, 1999, S.12]*, soll Gegenstand dieses Kapitels sein.

## 7.1 Formen der Vernetzung von Programm und Werbung

Bevor im folgenden die Entwicklung der Werbekompetenz von Kindern näher untersucht wird, soll noch einmal ein kurzer Blick auf die Verschmelzungsformen von Programm und Werbung geworfen werden.

Gesetzlich gesehen müssen die Werbeblöcke vom Programm deutlich getrennt werden. Diese Aufgabe übernehmen die sog. "Separators" *[Schmidt / Spieß, 1995, S.130f.]*, die Zeichen oder Logos darstellen und am Ende der Programme auftauchen. Durch dieses Erscheinen wird soz. signalisiert, dass ein Werbeblock beginnt.

Aber den Werbestrategen gelingt es trotz dieser "Separators" eine Verschmelzung von Programm und Werbung zu realisieren.


Wie schon erwähnt, zählen bereits die aus bestimmten Programmen bekannten Zeichentrickfiguren zu den beliebtesten Mitteln, um eine Produktwerbung für Kinder zu gestalten.

Ein gutes Beispiel hierzu ist die Zeichentrickserie "Die Familie Feuerstein", die bereits für die Werbung der Automarke „Opel Corsa" eingesetzt wurde. Dabei wurde sogar eine ganze Spiel-Situation aus dieser Serie in die Werbung übertragen: Die Situation des sich kippenden Autos (im Vorspann der Serie), die auf einen riesigen „Steinzeit-Steak" *[Schmidt / Spieß, 1995, S.131]* zurückzuführen ist, wurde auch in der „Opel Corsa"- Werbung angewandt, wobei das Auto in diesem Fall trotz der Belastung mit dem Riesensteak nicht seitlich umkippt, wie im Original, sondern der Belastung standhält, da er „ja seitlich verstärkt ist".


Auch wenn Werbung, „die sich auf eine vorangegangene, oder direkt anschließende Sendung bezieht" mittlerweile verboten ist, finden die Werbestrategen einen anderen Ausweg, um Kinder erfolgreich ansprechen zu können. Durch diese Werbelist soll ein weiteres Beispiel besser veranschaulicht werden.

Da sich die Werbefachleute nach einer Serie wie z. B. den "Power- Rangers" (die sich in ihrem Aussehen ändern und mittels dieser Eigenschaft heldenhafte Taten vollbringen können) in ihrer Werbung nicht direkt auf diese vorangegangene Serie beziehen dürfen, greifen sie in ihrem gleich an die Serie angehängten Werbespot auf Figuren, wie z. B. den "Mutations", die in der Werbung, genau wie die "Power-Rangers" ihr Äußeres ändern können. Dadurch erzielen sie einen guten Übergang zur Werbung, erreichen soz. eine Vermischung von Programm und Werbung.


7.2    Werbekompetenz


Außer der starken quantitativen Zunahme von Werbespots im Fernsehen in den letzten Jahren sind seit der Einführung der privaten Sender auch einige neue

Werbeformen zu beobachten, die bereits in den vorangegangenen Kapiteln näher beschrieben wurden.

Dabei sind besonders an speziellen Wochentagen (besonders an Samstagen auf SAT 1) Sendungen für Kinder aufzufinden, die die Schaltung von Werbespots, die ausschließlich an Kinder gerichtet sind, ermöglichen *[vgl. Aufenanger / Neuß, 1999, S.13]*.

Besonders ab dem Jahr 1982, als es in den Vereinigten Staaten zu einer Veränderung der rechtlichen Voraussetzungen für die Erstellung von Kindersendungen kam, entwickelte sich eine zunehmende Verschmelzung von Programmen mit der Werbung. Während die Federal Communication Commission (FCC) zuvor verhindern konnte, dass Spielzeughersteller als Produzenten von Kindersendungen auftreten, sind mittlerweile viele Kindersendungen zum „Kernstück umfassender Werbekampagnen für die mitwirkenden Figuren, beispielsweise die Schlümpfe, Biene Maja, Batman, Hero Turtles und Power Rangers" geworden *[Claar, 1996, S.142]*. D.h., dass in der Werbung genau die Figuren, die den Kindern aus der soeben unterbrochenen Fernsehsendung bekannt sind, angeboten werden. Die Serien und Werbespots werden dadurch immer mehr zu einer zusammenhängenden Einheit *[vgl. Moser (1999): Einführung in die Medienpädagogik. Aufwachsen im Medienzeitalter. Opladen, S.172 f.]*.

Wie können Kinder mit dieser manipulierenden Werbestrategie umgehen?

Ein wichtiger Schritt, um diesen besonderen Werbedruck umgehen zu können, ist die Entwicklung von Werbekompetenz. Diese stellt die Fähigkeit dar, Fernsehwerbung identifizieren und vom Programm unterscheiden zu können, als auch das Wissen darüber, wer der Auftraggeber der Werbung ist, d.h., wer sie produziert und welche Absichten dahinter stecken *[vgl. Lange / Didszuweit, 1997, S.113]*.

Dabei spielt die Entwicklung der Werbekompetenz von Kindern speziell auch für kinderspezifische Werbespots eine entscheidende Rolle, da diese nach Baacke / Sander / Vollbrecht und Kommer *[1999, S.77]* als „Konsumverlockungen- in mediale Botschaften verpackt- unter Umständen die Befähigung des Individuums zu freier Selbstbestimmung beeinträchtigen" können.

Das Kind sollte daher unbedingt in der Lage sein, zwischen Werbung und Programm unterscheiden zu können. D.h. auch verschiedene Werbeformen, die versteckt gestaltet sind (wie z.B. das bereits erwähnte Product-Placement) erkennen und dadurch die Intention der Werbung verstehen können. Die Unterscheidung zwischen Werbung und Programm müssen die Kinder aber erst lernen, indem sie sich mit zunehmendem Alter und gleichzeitig zunehmender Fernseherfahrung eine Grundlage für eine gewisse Werbekompetenz aufbauen.

## 7.2.1 Entwicklung der Werbekompetenz von Kindern

Kinder müssen den Unterschied zwischen Werbung und Programm erst lernen. Dabei wird es den Kindern mit zunehmendem Alter und gleichzeitig zunehmender Fernseherfahrung erst möglich, die verschiedenen Sendearten zu unterscheiden. Voraussetzung für das Erkennen und Unterscheiden zwischen Programm und Werbung ist das Wissen, um bestimmte Personen und Figuren, Alltagsszenen und Handlungsrollen, Erzählaufbau und Erzählformen bzw. Gattungen, das „im Laufe der Kindheit Schritt für Schritt erworben werden muss" *[Charlton / Neumann-Braun, 2002, S.809].* Besonders jüngeren Kindern fällt es oft schwer, zwischen einzelnen Programmteilen zu unterscheiden, vor allem wenn die Grenzen zwischen Werbung und Programmen zunehmend verwischen, wie es bei Zeichentrickfilmen und Cartoon- Werbespots der Fall ist. Die undurchsichtigen Werbeformen nehmen immer mehr zu und erschweren den Kindern immer mehr die Differenzierung, so dass sich die grundlegende Frage stellt, wie es den "Kleinen" gelingt, dennoch zwischen Programm und Werbung zu unterscheiden.

Eine Voraussetzung zur Klärung dieser Fragestellung ist die aktive Nutzung von kognitiven wie sozialen Ressourcen, die dem Kind zur Verfügung stehen, um die im Fernsehen dargestellten Geschehnisse rekonstruieren zu können. Diese „aktive Bedeutungskonstruktion" *[Bordwell, 1909, S.1, zit. In. Charlton/Neumann-Braun/Aufenanger/Hoffmann-Riem u.a., Band 2, S. 19 ff.]* gründet auf zwei Verarbeitungsrichtungen, die sowohl gleichzeitig verlaufen als auch gegenseitigen Einfluss ausüben. Während die 'zeichenorientierte, sensorische Informationsverarbeitung' bzw. die visuellen und auditiven Reize vom sensorischen Informationsspeicher über das Kurzzeitgedächtnis in das Langzeitgedächtnis als 'bottom-up processing' gelangen, steuert die 'konzeptorientierte' bzw. 'schemaorientierte' Verarbeitung -oder kurz 'das Text- verstehen'- absteigend die Aufnahme von Informationen und gleichzeitig ihre Integration ins Langzeitgedächtnis, sozusagen als 'top-down processing'. *[Charlton/Neumann-Braun/Aufenanger/Hoffmann-Riem u.a., Band 2, S. 19 ff.]*

Durch diese beiden Verarbeitungsrichtungen kann man also ableiten, dass das Kind lernt, Geschehnisse im Fernsehen wahrzunehmen und diese aufgenommenen Reize unterschiedlichen kognitiven Konzepten zuzuordnen.

Bordwell [s.o] erklärt in diesem Zusammenhang, dass man zur Interpretation von Filmhandlungen vier grundlegende Schemata braucht. Während das "Formatschema" aufgrund bereits vorhandener Kenntnisse und anhand von Ähnlichkeitsurteilen eine gewisse Übereinstimmung von gewissen Hinweisreizen und bereits bekannten Sendeformaten bestimmt, bringt das "personenorientierte" Schema die Zuschauer dazu, sei es bei Schauspielern, Autoren etc. nach Motiven und bestimmten Absichten zu fragen. Und während das dritte Schema durch seinen "synchronen" Szenenaufbau charakterisiert ist (erst Charaktere, dann die Umgebung und letztendlich technische und ästhetische Merkmale der Produktion), beinhaltet das vierte Schema den "Verlauf einer Filmhandlung".

Der Erwerb dieser vier basalen Schemata, der die Informationsverarbeitung (von Medien) bestimmt, ist wichtig und Bestandteil der allgemeinen sozial- kognitiven Entwicklung des Kindes. Basierend auf diesen Formaten soll nun als nächstes die Entwicklung der Werbekompetenz von Kindern verschiedener Altersklassen genauer betrachtet und untersucht werden.

## 7.2.1.1 Entwicklung der Werbekompetenz von vier- bis sechsjährigen Kindern

In einer empirischen Befragung von 1000 Eltern von ungefähr 13 Kindertagesstätten *[Neuß, N., Dezember 1999,S.66]* wurden die Eltern gebeten, die Werbekompetenz ihrer Kinder einzuschätzen. Dabei gaben rund 17,6 Prozent der Eltern an, dass ihre Kinder zwischen Programm und Werbung nicht unterscheiden könnten, wohingegen ca. 3,05 Prozent der Eltern das Gegenteil behaupteten. 37,6 Prozent schätzten dabei, dass ihre Kinder nicht verstehen, was in Werbespots gezeigt wird und rund 35,9 Prozent schätzten, dass ihre Kinder auch nicht wissen, was Werbung überhaupt beabsichtigt.

Kinder dieser Altersgruppe scheinen die Eigenart des Fernsehens noch nicht ganz begriffen zu haben. Besonders die Jüngeren unter ihnen haben große Schwierigkeiten zwischen Realität und Phantasiewelt zu unterscheiden. In dieser Altersklasse setzen sich die "Kleinen" zum ersten Mal bewusst mit Werbung auseinander, wobei bereits die Jüngsten unter ihnen bestimmte Farbkombinationen, Symbole oder Markenzeichen erkennen.

Ab dem vierten Lebensjahr kommt es zudem zu ersten Kategorisierungen von Werbung und Programm im Fernsehen, wonach in einer von Charlton / Neumann- Braun / Aufenanger / Hoffmann- Riem u.a. *[Band 2, 1995, S.58]* durchgeführten Studie festgestellt werden konnte, dass etwa 37 Prozent der befragten Kinder den Unterschied zwischen Werbung und Programm nicht kennen. Zwar können die Sprösslinge fernsehspezifische Hinweisreize und formal gestaltete Merkmale mit bestimmten Genres verbinden und zu ersten Kategorisierungen von Werbung und Programmen im Fernsehen gelangen, es fehlt ihnen jedoch noch die Einsicht in die Zielsetzung von Werbespots.

Werbespots werden also schon in dieser Altersgruppe teilweise erkannt, die genaue Kompetenz hingegen ist noch nicht ausreichend ausgebildet. Aufgrund der fortschreitenden kognitiven Entwicklung sind die "Kleinen" bereits in der Lage, „falsche Überzeugungen zu erkennen" *[Charlton / Neumann- Braun / Aufenanger / Hoffmann- Riem u.a., Band 2, 1995, S. 21ff.].*
Durch das Fehlen von Textschemata stellt sich den Kindern jedoch die Schwierigkeit, Übergänge zwischen einzelnen Werbespots und anderen Sendungen zu erkennen. Diese Differenzierung ist besonders dann schwierig, wenn in Werbespots Personen oder Figuren auftauchen, die bereits in vorangegangenen bzw. nachfolgenden Sendungen aufgetreten sind bzw. noch auftreten. Dies ist besonders der Fall, wenn Zeichentrickfiguren in Werbespots mit eingebaut werden, die bereits aus Zeichentrickfilmen bekannt sind. Dabei wird von den Kindern dieser Altersgruppe weder die Kaufanregung noch die Intention von Werbespots vollständig verstanden. Zudem besteht die Problematik, dass die meisten noch nicht fähig sind, die im Werbespot dargestellten Unwahrheiten und Übertreibungen zu erkennen.
Eine nach Ward *[1972,S.37ff.]* durchgeführte Studie ergab, dass mehr als die Hälfte der fünf- bis siebenjährigen Kinder „nur die unterste Verständnisebene erreicht" *[vgl. Winter, 1983, S.19]* und auch die Differenzierung zwischen den

beiden Gattungen -Werbung und Programm- nur eingeschränkt gegeben ist. D.h., dass es oft zur Verwischung als auch Verwechslung von beiden Sendeformaten kommen kann. Zudem glauben rund 30 Prozent der Kinder an den Wahrheitsgehalt der Werbung, wobei sich eine Reduktion dieser Zahl mit zunehmendem Alter beobachten lässt.

Auch in der von Charlton / Neumann- Braun u.a. durchgeführten Studie erklärten rund 33,2 Prozent aller befragten Sechsjährigen, dass zu glauben, was in der Werbung auch dargeboten wird, wohingegen 33,6 Prozent auf die Glaubwürdigkeit der Werbung mit einem eindeutigen „Nein" antworteten.
Während außerdem rund 37 Prozent der Vierjährigen den Unterschied zwischen Werbung und Programm nicht erkennen konnten, waren es bei den fünfjährigen ca. 21 Prozent und bei den sechsjährigen hingegen nur noch etwa 12 Prozent *[Neuß, N., September 1999, S.85]*.

7.2.1.2    Entwicklung der Werbekompetenz von sieben – bis zehnjährigen Kindern

Trotz ihrer zunehmenden Kenntnisse über Werbung und Programm sind sieben- bis zehnjährige Kinder im Gegensatz zu allen anderen Altersgruppen durch irreführende Werbung am stärksten gefährdet. Werden in dieser Altersgruppe nämlich negative Erfahrungen mit Werbung gemacht, so hinterlassen sie einige wirkungsvolle Spuren, indem von einer schlechten Erfahrung auf eine Verallgemeinerung gefolgt wird *[Winter, 1983, S.19]*. Zur Unterscheidung der Senderformate orientieren sie sich dabei an formalen Kriterien, wie Senderlogos usw. *[Aufenanger;www.erzwiss.uni-hamburg.de]*. Dabei nimmt die Fähigkeit, mit zunehmender Sicherheit, Senderformate erkennen zu können bereits ab dem achten Lebensjahr zu *[vgl. Charlton / Neumann- Braun / Aufenanger / Hoffmann-Riem u.a., Band 2, 1995, S.24]*. D.h., dass sie bereits zwischen Werbung und Programm einigermaßen gut unterscheiden können, sich jedoch immer noch nicht als Adressaten der Werbebotschaften erkennen. In dieser Altersgruppe sehen Kinder bereits teilweise ein, dass Werbung mit dem Zweck eingesetzt wird, sie zum Kauf der beworbenen Produkte zu animieren *[Claar, 1996, S.146]* und zudem noch einen informierenden Charakter besitzt.

Die Differenzierung von Programm und Werbung nimmt in dieser Altersgruppe im Vergleich zu den Jüngeren weiterhin zu. Danach sinkt z.B. die Zahl der sieben- bis achtjährigen Kinder, die nicht zwischen den beiden Gattungen unterscheiden können auf acht bzw. neun Prozent *[Charlton / Neumann- Braun, 2002, S.810]*. Mit der zunehmend richtigen Unterscheidung zwischen Werbung und Programm steigt auch die Kompetenz, mit der die Kinder den Realitätsgehalt der Sendungen beurteilen können und die Intention der Werbung erkennen. Zwischen acht und zehn Jahren werden Senderformate wie Nachrichten, Krimis, Sportsendungen und Dokumentationen als realistisch eingeschätzt, wohingegen Zeichentrickfilmen vielmehr ein symbolischer als auch unwirklicher Charakter zugeschrieben wird *[vgl. Charlton / Neumann- Braun / Aufenanger / Hoffmann- Riem u.a., Band 2, 1995, S.24]*.

Sie nehmen zudem vom Inhalt der verschiedenen Sendungen mehr wahr und lernen sogar mit der Zeit den Beruf des Schauspielers zu verstehen. Mit dieser Erkenntnis kann auch zugleich ein Rückgang der Aufmerksamkeit und des Ver- trauens gegenüber den Aussagen der Erwachsenen festgestellt bzw. beobachtet werden. Daraus lässt sich ableiten, dass sie mit zunehmender Erfahrung und eigener Meinungsbildung einen wichtigen Schritt in die Unabhängigkeit tätigen, wobei dennoch der elterliche Einfluss auch in dieser Altersgruppe noch eine große Rolle spielt. Zudem wird angenommen, dass in der Werbung außer den Produk- ten, die Kinder interessieren auch Personen, Figuren und Handlungen eine zunehmend große Rolle spielen, sobald sie mit den Lebenswelten der Kinder in Verbindung treten. Obwohl zehnjährige Kinder im Vergleich zu den Jüngeren eine deutlich geringere Abhängigkeit und visuelle Aufmerksamkeit von Reizen aufwei- sen, können sie den Inhalt von Sendungen besser verstehen und auch besser in Erinnerung behalten.

Zwischen acht und zehn Jahren nehmen Kinder dieser Altersgruppe bereits das äußerlich aufgesetzte Erscheinungsbild eines werbenden Schauspielers, der auf Anweisung für ein Produkt wirbt, wahr und unterscheiden von seinem wahren, jedoch versteckten Charakter.

### 7.2.1.3 Entwicklung der Werbekompetenz von elf- bis 14jährigen Kindern

Elf- bis zwölfjährige Kinder glauben nur sehr gering an den Wahrheitsgehalt der Werbung *[Winter, 1983, S.19]*. Dabei wissen bei den zwölf- bis 13jährigen Kindern neun von zehn, dass der Einsatz der Werbung der Verkaufsförderung dienen soll *[Vollbrecht, Ralf, 1998]*.

Ab dem elften Lebensjahr können Kinder die Werbebotschaften richtig interpretieren und verstehen, dass Werbung sich auch direkt an sie wenden kann, um dabei einen Einfluss auf ihre Kaufentscheidungsprozesse auszuüben *[Charlton / Neumann- Braun, 2002, S.810]*. Die Intention der Werbung wird also in diesem Alter erkannt und mit einem kritischen Blick gewürdigt, wobei noch immer bestimmte Werbeformen, wie das Product-Placement noch nicht als Werbung verstanden werden *[Aufenanger; www.erzwiss.uni-hamburg.de]*.

Auch die Meinungen und Interessen der Gleichaltrigen bzw. der Peer- group üben dabei einen großen Einfluss auf die Aufnahme und Beurteilung der Werbebotschaften aus, so dass besonders die Werbespots verfolgt werden, die für die Produkte werben, die auch im Trend liegen bzw. zur Zeit "in" sind.

Über die Glaubwürdigkeit der Werbung sind ungefähr nur fünf Prozent der elf- bis zwölfjährigen Kinder der Meinung, dass diese nie lügt *[Winter, 1983, S.19 f.]*. Besonders diese Altersklasse scheint sich an die Welt der Erwachsenen bereits anzupassen und dadurch in der Lage zu sein, Werbeinhalte kritisch beurteilen und zwischen richtiger oder falscher Botschaft unterscheiden zu können, wenn sie der Ansicht sind, nicht von der Werbung beeinflusst zu werden, hingegen das beworbene Produkt aber gleichzeitig konsumieren *[Aufenanger, www.erzwiss.uni-hamburg.de]*

Zur genaueren Beantwortung der Frage nach der Werbekompetenz sollen im Folgenden einige Studien betrachtet werden, die zudem Aufschluss darüber geben sollen, wie Kinder mit Fernsehwerbung umgehen, welche Einstellung sie gegenüber Fernsehwerbung haben und inwieweit sie die Glaubwürdigkeit von Werbebotschaften einschätzen.

Dabei gaben 95 Prozent der sechs- bis 13jährigen Kinder auf die Frage, woher sie denn Werbung überhaupt kennen, das Fernsehen an, gefolgt von 28,4 Prozent, die das Radio angaben und 12,9 Prozent Plakate, Zeitungen mit 7,4 Prozent, Kino mit 5,9 Prozent und schließlich Zeitschriften mit 5,6 Prozent *[Lange / Didszuweit, 1997, S.52]*.

Auch in der von Charlton / Neumann- Braun / Aufenanger u.a. im Jahre 1995 durchgeführten Untersuchung wurden 1115 Kinder von vier- bis 14 Jahren bzgl. ihrer Werbekompetenz befragt, wobei auch hier die Frage aufkam, woher sie Werbung kennen. Danach gab die Mehrheit der Kinder an, Werbung aus dem Fernsehen zu kennen, wobei darunter immerhin 86,6 Prozent der Sechsjährigen bestätigten, Werbung aus dem Fernsehen zu kennen.

7.2.2    Einstellung zur Werbung

7.2.2.1   Bewertung der Werbung

Die Beurteilung von Werbung unterliegt zwar mehreren Faktoren, den größten Einfluss scheint jedoch ohne Zweifel das Alter auszuüben. Während die Jüngeren Werbung anfangs noch positiv aufnehmen (da sie ihnen durch kurze und gut verständliche, meistens lustig gestaltete Werbemerkmale eher Unterhaltung bieten) nehmen die älteren Kinder hingegen Werbeunterbrechungen als Störungen wahr und würdigen diese mit einem kritischen Blick.
Acht- bis elfjährige Kinder sehen zu 66 Prozent Fernsehwerbung gern („es geht"), während 25 % sie „nicht gern" sehen und nur acht Prozent zu denjenigen gehören, die Werbung „sehr gerne" sehen *[Glogauer, 1995, S.87ff.]*. Die kritische Einstellung gegenüber dem Werbefernsehen scheint mit zunehmendem Alter deutlich zuzunehmen.
In diesem Zusammenhang gaben 40 %  der vier- bis sechsjährigen Kinder an, Fernsehwerbung gern zu sehen, während es bei den Sieben- bis Zehnjährigen 29 %  waren und bei den Elf- bis 14Jährigen nur noch unter 20 % *[Charlton / Neumann- Braun / Aufenanger u.a., Band 2, 1995, S.41ff,]*.
Man kann also die Behauptung aufstellen, dass die Zahl derer, die Fernsehwerbung gerne sehen mit zunehmendem Alter abnimmt.
Dabei gab ca. ein Viertel der Kinder an, Werbung bloß aufgrund ihrer Machart gerne zu sehen, gefolgt von 17 %  der Kinder, die Werbung wegen ihrer Figuren

für sympathisch erklären. Informierende Werbespots scheinen für Kinder dabei einen sehr geringen Stellenwert einzunehmen.

Besonders langweilige Werbespots werden von 19 % der Kinder abgelehnt, gefolgt von Werbespots, die einen eher aufdringlichen Charakter aufweisen.

Auf die Frage, ob die Kinder auf Werbung warten oder vielleicht auch nach ihr suchen, verneinten dies ganze 81,4 %, wobei die Vier- bis Sechsjährigen diese Frage mit 21,7 % nicht bestätigten und sich diese Zahl bei den Elf- bis 14Jährigen Kindern auf 12,8 % reduzierte. Auch die Einstellung ihrer Eltern bzgl. der Werbung beeinflusst die Meinung der "Kleinen". Und auch der Wunsch nach bestimmten Produkten kann die Suche der Kinder nach diesen Werbespots, in denen für sie geworben wird, beeinflussen, indem Kinder auch zunehmend auf diese Werbespots Ausschau halten. Werbespots, in denen Kinder die Hauptrolle spielen sind bei den befragten Kindern besonders beliebt, wonach sogar ein Drittel auf die Frage, ob auch sie gerne so wären, wie die Figur im Fernsehen mit einem deutlichen „ja" zustimmten. Dabei sind besonders die Werbespots mit Kindern am beliebtesten, die für Schokolade werben und auch diejenigen, in denen für Puppen geworben wird.

Während sieben- bis neunjährige Kinder, deren Eltern Werbung als sehr gut einstufen, die Werbung mit der Note 1,73 auch als sehr gut bewerten, ist die Benotung der Gleichaltrigen, deren Eltern, die Werbung hingegen als eher mittelmäßig bewerten und in Großstadtzentren leben mit 2,36 eher schlechter.

Auch die Benotung der zehn- bis 13 jährigen Kinder, deren Eltern die Werbung (sehr) gut finden, fällt mit der Note 2,21 gut aus.

Im Durchschnitt wurde die Werbung von allen Befragten mit der Note 3,11 als eher mittelmäßig eingestuft, wobei anhand dieser Untersuchung deutlich wurde, dass der elterliche Einfluss und das Alter der Kinder auf die Bewertung und Benotung der Werbung eine große Rolle spielt *[Lange / Didszuweit, 1997, S.52 f.]*.

Auch in einer von Baacke / Sander / Vollbrecht / Kommer u.a. durchgeführten Studie wurden Kinder gebeten, die Werbung mit Schulnoten von eins bis sechs zu bewerten. Dabei fiel auf, dass auch hier die jüngeren Kinder Werbung positiver beurteilten als Ältere. Während sechsjährige Kinder die Werbung mit durchschnittlich 2,49 bewerteten, benoteten die sieben- bis neunjährigen Kinder diese mit 2,7 und die Elfjährigen sogar zunehmend negativer mit 3,5.

Es ergab sich zudem, dass Kinder, die auch private Sender bevorzugen im Gegensatz zu denen, die die öffentlich- rechtlichen Sender vorziehen, Werbung mit 36 Prozent als sehr gut bzw. gut bewerteten [Vollbrecht, 1998].

### 7.2.2.2. Vertrauen in die Werbebotschaften

Wie sieht es aber mit der Glaubwürdigkeit von Werbebotschaften aus? Können Kinder diese kritisch prüfen?

Dabei wurden in der von Charlton /Neumann- Braun [2002, S.814 f.] durchgeführten Studie die Kinder befragt, wie sie die Glaubwürdigkeit von Werbebotschaften einschätzen. Rund ein Viertel der Kinder gab dabei an, an Werbebotschaften zu glauben, während ein weiteres Viertel an den Botschaften stark zweifelte und die restliche Hälfte nur teilweise an die Glaubwürdigkeit von Werbebotschaften glaubte. Dabei fiel ganz besonders auf, dass die Glaubwürdigkeit von Werbebotschaften und die differenzierte Einschätzung des Wahrheitsgehalts mit zunehmendem Alter kritischer beurteilt wurde, wonach 26 % der jüngeren, 54 % der mittleren und 62 % der älteren Kinder der Werbung „teils- teils" Glauben schenkten.

Zudem führt „ein positives Werbeklima in der Familie und damit zusammenhängend eine kindliche Aufgeschlossenheit der Werbung gegenüber zu mehr Werbegläubigkeit auf Seiten der Kinder".

Das Misstrauen gegenüber Werbebotschaften hängt dabei nicht nur direkt vom Alter ab, wenn man bedenkt, dass ein konstanter Anteil (von 25 bis 30 %) der Kinder, Werbebotschaften gar nicht traut. 39 % der achtjährigen Kinder glauben dabei überhaupt nicht an den Wahrheitsgehalt der Werbung, wobei es bei den zehnjährigen Kindern sogar rund 41,3 % sind. Auch nach einer im Jahre 1990 durchgeführten Studie standen bereits Kinder von sechs bis sieben Jahren Werbebotschaften kritisch gegenüber [Schmidbauer, 6/1993, S.25].

Diese Befunde werden auch durch folgende Ergebnisse einer weiteren Studie bestätigt, wonach 33,2 % der Sechsjährigen der Glaubwürdigkeit von Werbung zustimmten, während 25,3 % nur manchmal daran glaubten, schenkten ein Drittel der Kinder im Vorschulalter dem Wahrheitsgehalt von Werbebotschaften gar keinen Glauben. Auch in diesem Fall treten die älteren Kinder der Werbung gegenüber skeptischer auf *[Baacke / Sander / Vollbrecht / Kommer u.a., 1999, S.16f.; vgl. auch Neuß, N., Juni 1999, S.71]*.

Das zunehmende Misstrauen gegenüber der Werbung lässt sich dabei unter anderem darauf zurückführen, ob das Kind schon einmal enttäuscht worden ist oder nicht. Dies geschieht häufig durch den Erwerb und den Umgang mit dem in der Werbung beworbenen Produkt, wonach nach einigen Äußerungen der Kinder nicht alles so gut funktioniert, wie in der Werbung oder alles in der Werbung eher besser aussieht als in der Realität *[Glogauer, 1995, S.89]*.

Während bereits 28 Prozent der Jüngeren schon einmal schlechte Erfahrungen mit dem beworbenen und erworbenen Produkt gemacht haben, sind es bei den älteren schon ganze 43 Prozent. Verantwortlich dafür waren nicht nur falsch erweckte Hoffnungen der Werbung, sondern auch die damit aufgerüttelten, hohen Erwartungen der Kinder, die mit dem beworbenen Produkt in Verbindung gebracht wurden *[Charlton / Neumann- Braun, 2002,S.814]*.

Auffallend ist das Verhältnis zwischen Misstrauen und der Einstellung gegenüber Werbung, wonach zusammenfassend die Schlussfolgerung gezogen werden kann, dass mit zunehmendem Misstrauen der Kinder gegenüber Werbung auch die Lust, sich Werbung anzusehen, abnimmt.

### 7.2.2.3 Durchschauen der Werbung

Jüngere Kinder sehen Werbung vielmehr unterhaltungsorientiert und können deshalb ihre ökonomischen Ziele nicht durchschauen.

Auf die Frage, warum Werbung gemacht wird, bestätigten mehr als 50 Prozent der Sechsjährigen, dass diese nur gezeigt wird, um selbst unterhalten zu werden und etwas zum Lachen zu haben, aber auch besonders, damit das Fernsehen „nicht so langweilig ist" *[Baacke / Sander / Vollbrecht, 1993, S.73]*.

Die Verkaufsabsicht der Werbung kann von den jüngeren Kindern nicht eindeutig durchschaut werden, wobei mit zunehmendem Alter die wirtschaftlichen Funktionen der Werbung eher genannt werden. Demnach erkennen bereits 70 % der sieben- bis neunjährigen Kinder die verkaufsorientierte Funktion des Fernsehens *[Vollbrecht, 1998]*.

7.2.2.4   Reaktionen auf Werbung und Werbeunterbrechungen

Wie sehen nun die Reaktionen der Kinder auf Unterbrecherwerbung im Fernsehen überhaupt aus? Werden sie eher vermieden oder als störend empfunden oder vielmehr herzlich aufgenommen?

In diesem Zusammenhang geben ca. 70 % der Kinder an, sich besonders gestört fühlen, wenn eine Sendung durch Werbung unterbrochen wird. Zudem fänden es 49,1 Prozent der Kinder gut, wenn es ein werbefreies Fernsehen geben würde.

Auch das Alter spielt in diesem Zusammenhang wieder eine entscheidende Rolle, wonach sich die jüngeren Kinder durch Werbeunterbrechungen weniger gestört fühlen als die älteren Kinder *[Vollbrecht, 1998]*.

Während z.B. 40 Prozent der jüngeren Kinder gerne Werbung sehen, erfreut sich die Werbung bei Elf- bis 14jährigen hingegen geringer Beliebtheit, wobei sich in diesem Fall nur jeder Fünfte für Werbung interessiert *[Lange/ Didszuweit, 1997, S.53f.]*.

Macht es den Jüngeren nichts aus, dass ihre Sendungen durch Werbung unterbrochen werden, steigt mit zunehmendem Alter der Prozentsatz der Kinder, die weniger Werbung sehen möchten *[Charlton / Neumann- Braun / Aufenanger / Hoffmann- Riem u.a., Band 2, 1995, S.45]*.

Zusätzlich konnte das Verhalten der Kinder bei Werbeblöcken anhand der von Baacke / Sander / Vollbrecht / Kommer u.a. 1999 durchgeführten Studie näher untersucht werden, wonach das prozentuale Antwortverhalten aus der folgenden Tabelle entnommen werden kann.

|  | Gesamt | 6 Jahre | 7-8 Jahre | 9 Jahre | 10-11 Jahre | 12-13 Jahre |
|---|---|---|---|---|---|---|
| Weitergucken | 32,9 | 46,6 | 45,5 | 19,4 | 28,3 | 21,8 |
| Umschalten | 30,8 | 20,2 | 23,4 | 30,1 | 32,9 | 47,3 |
| Etwas anderes | 50,2 | 36,9 | 41,0 | 58,3 | 56,4 | 55,5 |
| Abschalten | 4,4 | 7,1 | 4,2 | 2,9 | 4,0 | 3,6 |

Tabelle 6: Verhalten bei Werbeblöcken

*[Baacke, Dieter / Sander, Uwe / Vollbrecht, Ralf / Kommer, Sven u.a., 1999]*

Während z.B. ein Drittel der Kinder Werbeeinblendungen weiter anschaut, bevorzugen rund 50,2 % der Kinder währenddessen etwas anderes, wobei viele der Kinder, die sich von Werbeunterbrechungen gestört fühlen, dennoch den Fernseher nicht ausschalten.

Bei 30,8 % der Kinder, die bei Einblendung von Werbeblöcken im Fernsehen umschalten, sind es mit 33,6 % die Jungen und mit 28,5 % die Mädchen.

Auch in der von Charlton / Neumann- Braun / Aufenanger / Hoffmann- Riem u.a. durchgeführten Studie schauen rund 38,6 % der vier- bis sechsjährigen Kinder trotz der Tatsache, dass ihnen die Werbespots nicht gefallen, das Programm weiter, während es bei den älteren Kindern nur noch 20,4 % sind.

Zudem wünschen sich sehr wenige Kinder mehr Werbung im Fernsehen, wobei sich auch hier mit zunehmendem Alter ein Rückgang beobachten lässt *[1995, Band 2, S.45 f.]*.

Auch in der Einstellung gegenüber Werbung kann ein Alterseinfluss beobachtet werden, wonach mit zunehmendem Alter Werbung weniger akzeptiert wird.

Zudem scheint auch der Bildungsstand der Kinder einen Einfluss auf die Reaktion von Werbeunterbrechungen auszuüben.

Demnach fühlen sich Kinder mit höherem Bildungsstand (Gymnasium) häufiger durch Werbung gestört als Schüler mit anderen Bildungsständen und Schulformen *[Vollbrecht, 1998]*.

7.3    Fazit

Kinder stehen Werbung nicht passiv gegenüber, wie viele vielleicht annehmen mögen.

Sie werden mit ihr groß und lernen dabei mit zunehmendem Alter den Umgang mit ihr, wobei Jüngere die Werbung allgemein positiver bewerten als die Älteren.

Aber nicht nur das Alter spielt für die Beurteilung der Werbung eine große Rolle, sondern auch die Einstellung der Eltern und der unterschiedliche Bildungsstand.

Kinder erkennen nicht nur die Hintergründe der Werbung, sondern sind auch mit zunehmender Lebenserfahrung in der Lage, Werbung richtig zu identifizieren. Besonders diejenigen, die regelmäßig und oft Erfahrung mit Werbefernsehen gemacht haben, verfügen auch über mehr Werbeerfahrung *[Charlton / Neumann-Braun, 2002, S.813]*.

# 8    Schlussbetrachtung

Bezugnehmend auf die vorangegangenen Kapitel soll an dieser Stelle noch einmal darauf aufmerksam gemacht werden, dass aufgrund der unzähligen Studien, Forschungen und Untersuchungen bzgl. Werbung, Kindern / Jugendlichen der Versuch gestartet wurde, die Schnittmenge dieser Teilbereiche wiederzugeben.

Es existieren weitere Einflussgrößen, die nicht unbeachtet bleiben sollten, wie bspw. der elterliche Einfluss, der Bildungsstand der Kinder bzw. ihrer Eltern, die demographischen Faktoren usw., deren Erwähnung in diesem Buch nur am Rande erfolgt ist, da ihre genauere Thematisierung den Rahmen dieser Arbeit sprengen würde.

Nach der theoretischen Behandlung des Themenkomplexes der Werbung erfolgte die genauere Definition des Kinder- bzw. Jugendbegriffs. Aufgrund der unzähligen Definitionen der beiden Zielgruppen und der Tatsache, dass sich dieses Buch hauptsächlich auf Kinder spezialisiert, wurde im Laufe der Arbeit auf die zusätzliche Nennung von Jugendlichen meist verzichtet.

Es konnte festgestellt werden, dass die Kindheit einem permanenten Wandel ausgesetzt ist. Die Grenzen der kindlichen zur erwachsenen Welt scheinen danach immer mehr zu verwischen.
Auffällig ist dabei, wie viel Zeit Kinder heutzutage mit den Medien verbringen. Dabei spielt Werbung eine nicht zu unterschätzende Rolle. Werbung gehört quasi von Geburt an zum Alltag der Kinder dazu und wird in ihre weitere Entwicklung mit einbezogen, reflektiert und umgesetzt. Besonders dem Fernseher als Vermittler von Werbebotschaften wird dabei eine wichtige Rolle zugesprochen.

Werbung für Kinder findet in unterschiedlichsten Formen statt und die Werbestrategen jonglieren dabei taktisch gezielt mit verschiedensten Werbetricks, um die Aufmerksamkeit der "Kleinen" für sich zu gewinnen.
Die Bemühungen der Werbefachleute bleiben jedoch nicht ohne Erfolg. Werbung wird nicht nur einfach als Programmbestandteil hingenommen, sie wird vielmehr

zum Bestandteil der alltäglichen Kinderwelt, indem nicht nur Werbeslogans relativ schnell aufgenommen werden, sondern auch ganze Werbemelodien und Jingles nachgesungen bzw. nachgepfiffen werden.

Eigens für die Heranwachsenden werden mittlerweile neue Wort- bzw. Buchstabenkombinationen, sog. „Sprachcodes" entwickelt.

Wie bereits nachgewiesen werden konnte, verfügen die "Kleinen" von heute über einige finanzielle Mittel und zeichnen sich durch eine hohe Kaufkraft aus, was die Werbewirtschaft natürlich auch gezielt für sich ausnutzen will. Der Konsumspielraum der Kinder ist jedoch nicht so hoch, wie es sich die Werbestrategen erhoffen. Die Kinder zeigen vielmehr einen eigenverantwortlichen, rational bedachten Umgang mit ihrem Geld auf, indem sie das meiste davon sparen. U.a. wird in diesem Zusammenhang auch nicht selten für Markenprodukte gespart, die für viele der "Kleinen" als Statussymbol (besonders in ihren Peer- groups) fungieren. Die Werbewirtschaft nutzt diese Erkenntnis und versucht die Heranwachsenden bereits in jungen Jahren mit Markenprodukten vertraut zu machen, um sie in späteren Jahren völlig an diese Marken zu binden. So verwundert es kaum, dass bereits Vorschulkinder über eine gute Markenkenntnis verfügen.

Doch nicht nur als Markenentdecker, sondern auch als Beeinflusser von Kaufentscheidungen innerhalb der Familien und Peer- groups fungieren Kinder. Der Einfluss auf die Konsumentscheidungen ihrer Eltern hat natürlich aber auch seine Grenzen, besonders wenn es um den Kauf teurer Produkte geht.

Auch der Umgang der Kinder mit Werbung wurde im Abschluss dieser Arbeit näher angesprochen. Danach fällt es besonders den Vorschulkindern noch schwer, zwischen Programm und Werbung zu unterscheiden, da für sie der Übergang vom Programm zur Werbung nur schwer erkennbar ist. Diese Fähigkeit, zwischen Programm und Werbung zu unterscheiden, steigt jedoch mit zunehmendem Alter an, begleitet von der zunehmend kritischen Einstellung gegenüber Werbung.

Kinder gehen also unterschiedlich mit Werbung um und unterscheiden sich auch deutlich in ihrer Akzeptanz von Werbung.

All die aufgezeigten Aspekte verdeutlichen, dass Kinder für die Werbung von äußerster Wichtigkeit sind. Sie werden von der Werbewirtschaft viel ernster genommen und stellen mittlerweile eine neben den Erwachsenen groß umworbene Zielgruppe dar.

Der Werbedruck auf die Kinder lässt sich jedoch trotz aller Werberichtlinien und gesetzlichen Bestimmungen schwer aufhalten, so dass die kindliche Lebenswelt auch für die Zukunft immer mehr ins Licht der Kommerzialisierung gedrängt wird. In diesem Zusammenhang ist es besonders die Aufgabe der Eltern, ihre Kinder rechtzeitig über die Tücken der Werbewelt aufzuklären, um zu vermeiden, dass mangelnde Kritikfähigkeit oder wirtschaftliche Unerfahrenheit von der Werbewirtschaft einfach ausgenutzt wird.

# Anhang

## Top Ten

der Taschengeld- Verwendung

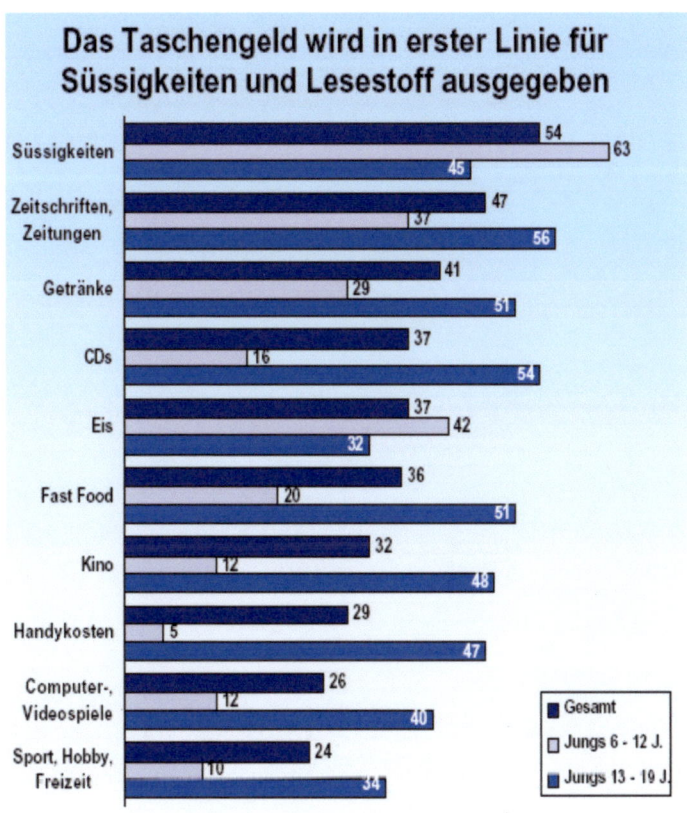

*http://www.bauermedia.com/pdf/studien/konferenzen/kids2003/Kaufkraft_2003.pdf*

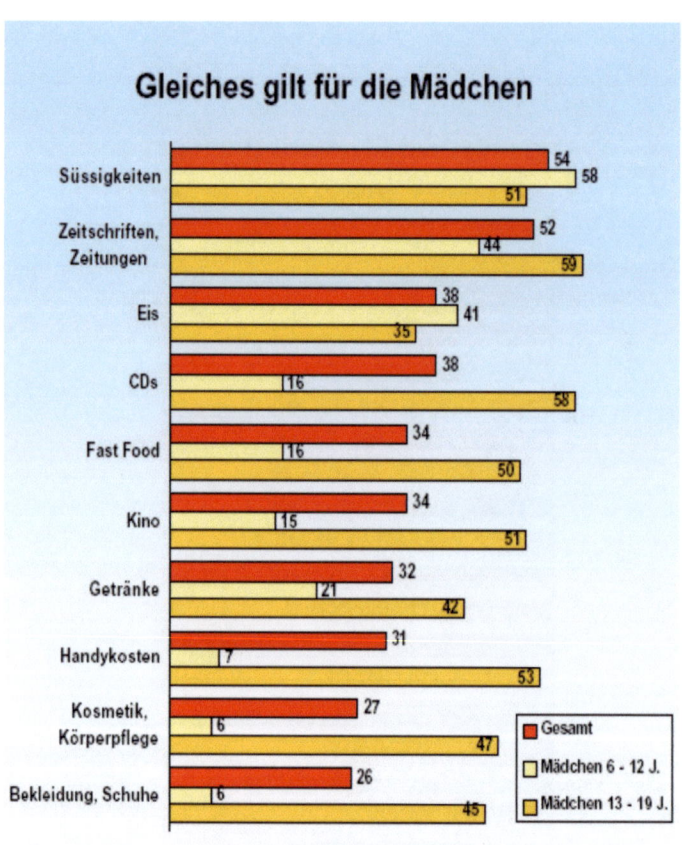

*http://www.bauermedia.com/pdf/studien/konferenzen/kids2003/Kaufkraft_2003.pdf*

**Sparverhalten**

Kind / Jugendlicher spart von seinem

Geld…

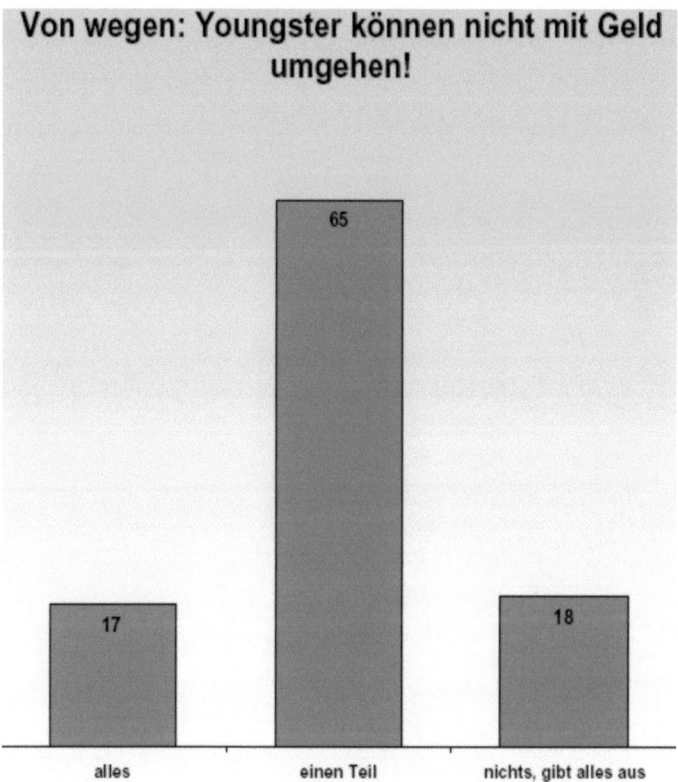

http://www.bauermedia.com/pdf/studien/konferenzen/kids2003/Kaufkraft_2003.pdf

## Top Ten

Sparziele (Jungs)

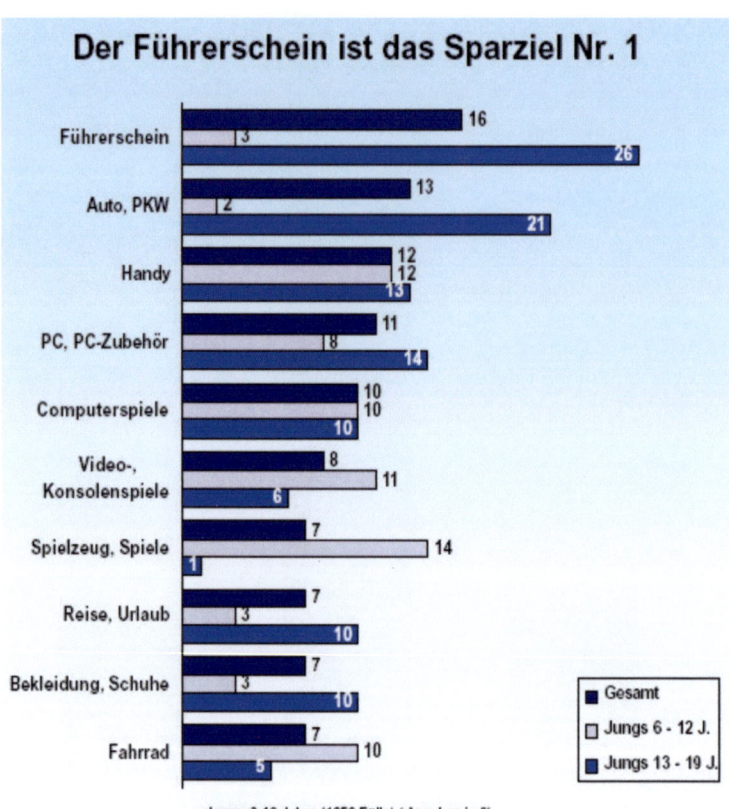

http://www.bauermedia.com/pdf/studien/konferenzen/kids2003/Kaufkraft_2003.pdf

**Top Ten**

Sparziele (Mädchen)

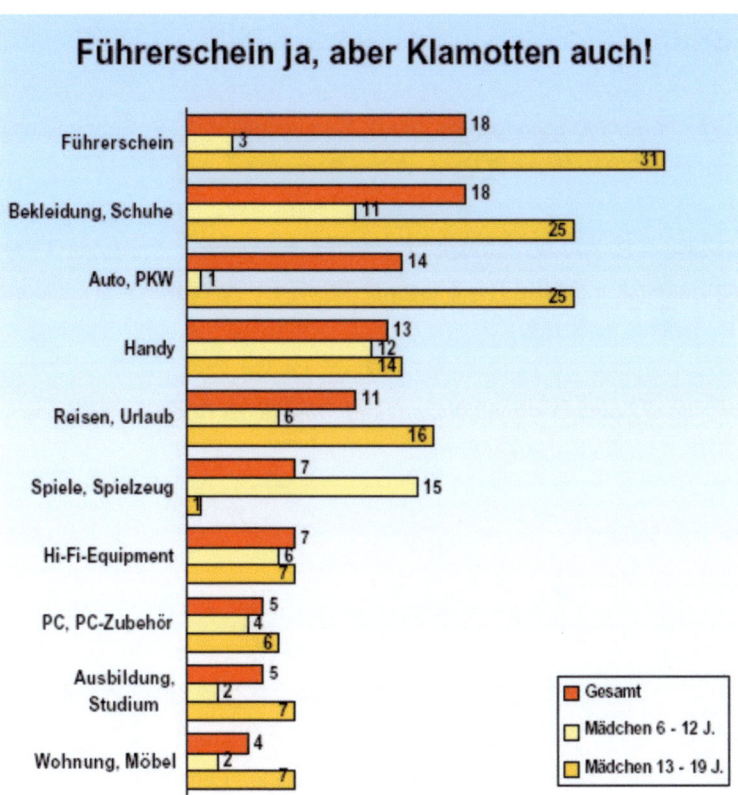

http://www.bauermedia.com/pdf/studien/konferenzen/kids2003/Kaufkraft_2003.pdf

# Literaturverzeichnis

*A & B- Analyse und Beratung GmbH*: Marktforschung. Jugendliche mögen Werbung im Internet. Banner? Sind cool!. Hamburg.
http://www.a-und-b.de/Studien/PR/jugend%20und%20internetwerbung.pdf
(13.11.2003)

*AGF/ GfK- Fernsehforschung* (Mai 2000): Marktanteile der TV- Sender Sehdauer von Kindern. PC#TV- Easy, IP Deutschland Research.

*Adler, Richard P. / Faber, Ronald J. (1980):* Background: Childrens Television Viewing Patterns. In: Adler The Effects of Television Advertising on Children, ed: Adler R., Lexington, S.15ff.

*Aregger, Josef / Steinmann, Matthias (1989):* Kinder als Radio- und Fernsehpublikum. SRG- Forschungsdienst. Bern.

*Aufenanger, Stefan:*
http://www.erzwiss.uni-
hamburg.de/Personal/Aufenanger/Materialien/KinderWerbung/
(22.11.2003)

*Aufenanger, Stefan (1995):* Umfang und Programmumfeld von Kinderwerbung. Spotwerbung für Kinder und mit Kindern im deutschen Fernsehen. In: M. Charlton u.a.: Fernsehwerbung und Kinder. Das Werbeangebot in der Bundesrepublik Deutschland und seine Verarbeitung durch Kinder. Bd.1.Leske + Budrich. Opladen.

*Aufenanger, Stefan / Neuß, Norbert (1999):* Alles Werbung oder was?- Vermittlung von Werbekompetenz im Kindergarten. Kiel. In: medien praaktisch (1) 2000, S.47-51.

*Aufenanger, Stefan / Neuß, Norbert (1999):* Projekt: Vermittlung von Werbekompetenz. Werbekompetenz und Werbepädagogik.
http://www.mediamanual.at/mediamanual/themen/pdf/werbung/30neuss.pdf
(30.12.2003)
*Axel Springer Verlag AG:* Kindermarkt.

*Baacke, Dieter (1997):* Medienpädagogik. Grundlagen der Medienkommunikation Band 1. Tübingen: Niemeyer.

*Baacke, Dieter (1988):* Medienkulturen – Jugendkulturen. In: Radde, Martin / Sander, Uwe / Vollbrecht, Ralf (Hrsg.): Jugendzeit – Medienzeit. Daten, Tendenzen, Analysen für eine jugendorientierte Medienerziehung. Weinheim, München.

*Baacke, Dieter / Lauffer, Jürgen (1995):* Medien als Sozialisationsinstanz für Kinder und Jugendliche in Nordrhein- Westfalen, in: Kinder und Jugendliche in Nordrhein- Westfalen, 6. Jugendbericht des Ministeriums für Arbeit, Gesundheit und Soziales des Landes NW. Expertisenband. Düsseldorf.

*Baacke, Dieter / Sander, Uwe / Vollbrecht, Ralf / Kommer, Sven (1993):* Kinder und Werbung. Schriftenreihe des Bundesministerims für Frauen und Jugend, Band 12. Stuttgart, Berlin, Köln: Verlag W. Kohlhammer.

*Baacke, Dieter / Sander, Uwe / Vollbrecht, Ralf / Kommer, Sven u.a. (1999):* Zielgruppe Kind. Kindliche Lebenswelten und Werbeinszenierungen. Opladen: Leske + Budrich.

*Banks, Seymour (Spring 1980):* Childrens Television Viewing Behavior. In: Journal of Marketing, S.49.

*Barlovic, I. (2001):* Zielgruppe: Kinder und Jugendliche. In: Werbung und Ernährungsverhalten, 7. Ernährungsfachtagung der DGE- BaWü (2001).
http://www.ernaehrung.de/aktuell/archiv/werbung.htm
(15.12.2003)

*Barth, M. (1995):* Konzeption und Evaluation multipler Regressionsanalysen in der anwendungsorientierten klinisch- psycholgogischen Forschung. In: B. Strauß & J., S.21ff.

*Behrens, Gerold (1996):* Werbung. Entscheidung- Erklärung- Gestaltung. München: Verlag Franz Vahlen.

*Behrens, K. Chr. (Hg.,1975):* Handbuch der Werbung (Aufsatzsammlung). Wiesbaden: Gabler.

*Berg, Christa (1991):* Kinderwelten. Frankfurt / Main. Aufwachsen in der Stadtkultur, in: Kinder und Jugendliche in Nordrheinwestfalen. 6. Jugendbericht des Ministeriums für Arbeit, Gesundheit und Soziales des Landes NW, Expertisen-Band. Düsseldorf 1995.

*Berger, Roland.*
http://www.rb-marketresearch.com/de/press/downloads/IO_06_kinder.pdf
(15.12.2003)

*Bergler, Reinhold / Six, Ulrike (1979):* Psychologie des Fernsehers. Bern.

*Bieber- Delfosse, G. (1999):* Kinder der Werbung. Die Einflüsse einer Mediengesellschaft auf das Aufwachsen der Kinder. Zürich: pro juventute.

*Birren, F. (1945):* Selling with color. New York: McGraw- Hill.

*Böhme - Dürr, Karin (1993):* Nur ältere Kinder sind (manchmal) von Fernsehwerbung genervt. In: Televizion, 6/1993/2.

*Böckelmann, F. / Huber, J. / Middelmann, A. (1979):* Werbefernsehkinder. Fernsehwerbung von und mit Kindern aus der Bundesrepublik Deutschland. Berlin.

*Bonfadelli, Heinz (2000):* Medienwirkungsforschung II. Anwendungen in Politik, Wirtschaft und Kultur. Band 11. Konstanz: UVK Medien.

*Brosius, Hans- Bernd / Fahr, Andreas (1996):* Werbewirkung im Fernsehen. Aktuelle Befunde der Medienforschung. München.

*Charlton, Michael / Neumann- Braun, Klaus (2002):* Wie Kinder Fernsehwerbung verstehen. In: Herbert Willems (Hg.): Die Gesellschaft der Werbung. Opladen. Westdeutscher Verlag.

*Charlton, M. / Neumann- Braun K. / Aufenanger, S. / Hoffmann- Riem u.a. (1995):* Fernsehwerbung und Kinder. Das Werbeangebot in der Bundesrepublik Deutschland und seine Verarbeitung durch Kinder. Band 1: Das Werbeangebot für Kinder im Fernsehen. Leske + Budrich. Opladen.

*Charlton, M. / Neumann- Braun K. / Aufenanger, S. / Hoffmann- Riem u.a. (1995):* Fernsehwerbung und Kinder. Das Werbeangebot in der Bundesrepublik Deutschland und seine Verarbeitung durch Kinder. Band 2: Rezeptionsanalyse und rechtliche Rahmenbedingungen. Leske + Budrich. Opladen.

*Claar, Annette (1996):* Was kostet die Welt? Wie Kinder lernen, mit Geld umzugehen. Springer Verlag: Heidelberg.

*Dammler, Axel / Barlovic, Ingo / Melzer- Lena, Brigitte (2000):* Marketing für Kids und Teens. Wie Sie Kinder und Jugendliche als Zielgruppe richtig ansprechen. Landsberg: Verlag Moderne Industrie.

*Der Spiegel (1993):* Nr.50.

*Diessner, Ralf (08.04.2003):* Kinder und Werbung.
http://www.erzbistum-koeln.de/opencms/opencms/medien/paedagogik/informationen_materialien/kinder_und_werbung.html
(23.10.2003)

*Eicke, U. & Eicke, W. (1994):* Medienkinder. Vom richtigen Umgang mit der Vielfalt. München: Knesebeck.

*Eimeren, B. van / Maier- Lesch, B. (1997):* Mediennutzung und Freizeitgestaltung von Jugendlichen. In: media Perspektiven, Nr.11.

*Erlinger, Hans Dieter (1994):* Kinderfernsehen und Markt. Wissenschaftsverlag Volker Spiess. Hrsg. Berlin.

*Feierabend, Sabine / Klingler, Walter (2000):* Jugend, Information, (Multi-)Media 2000, aktuelle Ergebnisse der JIM- Studie zum Medienumgang Zwölf- bis 19-Jähriger, in: Media Perspektiven 11/2000.
http://www.ard-werbung.de/MediaPerspektiven (03.11.2003)

*Feierabend, Sabine / Klingler, Walter (1999):* Was Kinder sehen. In: Media Perspektiven Nr.4.

*Feierabend, Sabine / Simon, Erk (2000):* Was Kinder sehen. In: Media Perspektiven, Nr.4.

*Feilitzen von, Cecilia (Hrgs., 1976):* The Functions Served by the Media: Report on a Swedish Study. In: Children and Television, ed: Brown Ray, London, S.90 ff.

*Feldmeier, Sonja (1994):* Der Kampf der Sender um die Kids. In: Werben & Verkaufen, Nr.17.

*Felser, Georg (2001):* Werbe- und Konsumentenpsychologie. Zweite Auflage. Heidelberg / Berlin: Spektrum, Akademischer Verlag. Stuttgart: Schäffer- Poeschel.

*Fessel & GfK- Institut für Marktforschung (1979):* Kind und Fernsehen. In: Bericht über die Situation der Familie in Österreich, Heft 3, Hrsg.: Bundeskanzleramt. Wien.

*Fessel & GfK- Institut für Marktforschung (1998):* Studie. Kind und Werbung, zitiert in Werbung inside, Heft 54, S.7ff.

*Gierl, Heribert (1995):* Marketing. Stuttgart / Berlin / Köln: Verlag Kohlhammer.

*Gleich, Uli (1997):* Kinder, Jugendliche und Werbung- Einstellungen, Kompetenzen und Effekte. ARD Forschungsdienst. In: Media Perspektiven 1/97.

*Glogauer, Werner (1995):* Die neuen Medien verändern die Kindheit. Nutzung und Auswirkungen des Fernsehens, der Videofilme, Computer- und Videospiele, der Werbung und Musicvideoclips. 3.erweiterte Auflage. Weinheim: Deutscher Studien Verlag.

*Gruner + Jahr Verlag (1994):* Branchenbild Jugend. Juli, Nr.27.

*Hansen, Olaf (07/2003):* Pressekonferenz für Kids Verbraucher Analyse. Anzeigenleitung Egmont Ehapa Verlag.
http://www.mediaplot.de/cda/index.php?cn=1560&np=32&nt=3&v=1
(15.10.2003)

*Henke, L. L. (1999):* Children, Advertising and the Internet. An Exploratory Study. In: Schumann, D. W. & Thorson, E.: Advertising and the World Wide Web. Mahwah, N. Y.: Lawrence Erlbaum.

*Hepner, H. W. (1949):* Effective advertising. New York: McGraw- Hill.

*Hurrelmann, B. (1989):* Fernsehen in der Familie. Auswirkungen der Programmerweiterung auf den Mediengebrauch. Weinheim.

*Huth, Rupert / Pflaum, Dieter (1986):* Einführung in die Werbelehre. Stuttgart u. a.: Kohlhammer.

*Institut für Jugendforschung - IJF (1996):* Kaufentscheidungen in Familien. Der Dialog zwischen Generationen. München.

*Jessen, Wolfgang (2/2003):* akzente,
http://www.gtz.de/dokumente/akz/deu/AKZ_2003_2/expertenthema.pdf
(27.10.2003)


*Jung, Heike / Müller- Dietz, Heinz (1981):* Jugendschutz und neue Medien. In:
Expertenkommission Neue Medien Baden- Württemberg- EKM. (Hrsg.), Ab-
schlussbericht / 2. Materialien: Gutachten und Stellungnahmen. Stuttgart.


*Kaplitza, Gabriele (1980):* Österreichs Kinder- Wunsch und Wirklichkeit. In: w & v,
Sonderbeilage Nr.25/1980.


*Kids- Verbraucher- Analyse (07/2003).* Egmont Ehapa Verlag, Axel Springer AG
und Bauer Verlagsgruppe. In: www.bauermedia.com/presse/juli2003/kidsva.php,
http://www.bauermedia.com/pdf/studien/konferenzen/kids2003/Kids_6-19.pdf
(16.12.2003)


*Klingler, Walter / Windgasse, Thomas (1994):* Was Kinder sehen. In: Media
Perspektiven, H.1.


*Kommer, Sven (1996):* Kinder im Werbenetz. Eine qualitative Studie zum Werbeangebot und zum Werbeverhalten von Kindern. Schriftenreihe der

Gesellschaft für Medien und Kommunikationskultur in der Bundesrepublik e. V.
Bd.10. Opladen. Leske+ Budrich.


*Kommer, Sven / Meister, Dorothee M. (2002):* Im Blickpunkt der Forschung.
Kinder und Werbung. In: Willems, Herbert (Hg.): Die Gesellschaft der Werbung.
Opladen. Westdeutscher Verlag.
*Kroeber- Riel, Werner (1992):* Konsumentenverhalten. Fünfte Auflage. München:
Verlag Vahlen.


*Kroeber- Riel, Werner (1991):* Strategie und Technik der Werbung. Verhaltenswis-
senschaftliche Ansätze. Stuttgart u.a.: Kohlhammer.

*KSA- Archive (2001):* Die Marke macht's! Katlg- Nr. Master01.
http://www.folienkasten.de/download/marke.pdf  (15.12.2003)

*Lange, Elmar (1996):* Jugendkonsum- Demonstration und Kompensation. In: Dokumentation zur Fachtagung „Vorbeugung ist besser". Hrsg. Vom Verein Schuldnerhilfe e.V. Essen]

*Lange, Elmar (1997):* Jugendkonsum in Wandel. Konsummuster, Freizeitverhalten, soziale Milieus und Kaufsucht 1990 und 1996. Opladen.

*Lange, Rainer / Didszuweit, J. Rainer (1997):* Kinder Werbung und Konsum. Theoretische Grundlagen und didaktische Anregungen. Gemeinschaftswerk der Evangelischen Publizistik e. V., Frankfurt am Main. Jünger Verlag, Offenbach.

*Linnert, Peter u.a. (1972):* Lexikon Angloamerikanischer und Deutscher Managementbegriffe. Gemsbach.

*Luckiesh, Matthew (1923):* Light and color in advertising and merchandising. New York: Van Nostrand.

*Mayer, Anna E. (1998):* Kinderwerbung- Werbekinder. Pädagogische Überlegungen zu Kindern als Zielgruppe und Stilmittel der Werbung. München: KoPäd Verlag.

*Mayer, Hans (1993):* Werbepsychologie. Zweite Auflage. Stuttgart: Verlag Schäffer- Poeschel.

*Mayer, H. / Däumer, U. / Rühle, H. (1982):* Werbepsychologie. Stuttgart: Poeschel.
*McNeal, James U. (1969):* An Exploratory Study of the Consumer Behavior of Children and Television, ed: Brown R., London, S.90ff.

*Media & marketing (6 / 1998):* Einflüsse bei der Markenwahl.
http://www.mediaundmarketing.de/imperia/md/content/pdfdateien/marktforschung/zielgruppen/kinder/06_082_084_Jugendmarkt.pdf     (18.12.2003)

*Media & marketing (8-9/2000):* Kinder an die Macht.
http://www.mediaundmarketing.de/imperia/md/content/pdfdateien/marktforschung/z
ielgruppen/kinder/9.pdf
(16.12.2003)


*Media Perspektiven* (1998), April.


*Meyer- Hentschel, G. (1996):* Alles Werbung. Wiesbaden: Gabler.


*Moser, Heinz (1992):* Zum Verhältnis von Familie, Freizeit und Schule. Basel.


*Moser, Heinz (2000):* Einführung in die Medienpädagogik. Aufwachsen im Medienzeitalter. 3.überarbeitete und aktualisierte Auflage. Leske + Budrich. Opladen


*Moser, Klaus (1997a):* Modelle der Werbewirkung. Jahrbuch der Absatz- und Verbrauchsforschung.


*Moser, Klaus (2002):* Markt- und Werbepsychologie. Ein Lehrbuch. Hofgrefe-Verlag: Göttingen. Bern / Toronto / Seattle.


*Nahrstedt, Wolfgang (1988):* Die Entstehung der Freizeit. Dargestellt am Beispiel Hamburgs. Ein Beitrag zur Strukturgeschichte und zur strukturgeschichtlichen Grundlegung der Freizeitpädagogik. 2.überarbeitete Auflage. Bielefeld.


*Neumann- Braun, Klaus / Brauner, Dirk J. (1994):* Kinder unter Werbedruck. In: medien praktisch, Nr.2/94.

*Neumann- Braun, Klaus / Erichsen, Jens R. (1995):* Kommerzialisierte und mediatisierte Kindheit - eine aktuelle Bestandsaufnahme. In: Charlton, Michael u.a.: Fernsehwerbung und Kinder. Das Werbeangebot in der Bundesrepublik Deutschland und seine Verarbeitung durch Kinder. Band.1. Leske + Budrich. Opladen.


*Neuß, Norbert (1999):* Medien* Impulse Medienerziehung 1. Teil der Reihe: Werbekompetenz und Werbepädagogik. In:
http://www.mediamanual.at/mediamanual/themen/pdf/werbung/28neuss.pdf

http://www.mediamanual.at/mediamanual/themen/pdf/werbung/29neuss.pdf
http://www.mediamanual.at/mediamanual/themen/pdf/werbung/30neuss.pdf
(15.12.2003)

*Nickel, Volker (1997):* Manipulation oder Markenkommunikation? Kinder als Ansprechpartner der Wirtschaft. In: D. M. Meister & U. Sander (Hrsg.), Kinderalltag und Werbung. Zwischen Manipulation und Faszination (S. 125-137). Neuwied: Luchterhand.

*Opaschowski, Horst W. (1995):* Medienkonsum. B.A.T. Freizeit- Forschungsinstitut. Hamburg.

*Piaget, Jean (1987):* Theorien und Methoden der modernen Erziehung. Ungekürzte Ausg., 41.-42. Tsd. Fischer Taschenbuch Verlag.

*Pickert, Mike (1994):* Die Konzeption der Werbung. Determinanten, Strategien, Kommuniques. Heidelberg: Sauer.

*Postman, Neil (1983):* Das Verschwinden der Kindheit. Frankfurt am Main.

*Postman, Neil (1992):* Das Verschwinden der Kindheit. Frankfurt am Main.

*Poth, Ludwig G. (1988):* Praktisches Lehrbuch der Werbung. Landsberg am Lech: o.V..

*Rais, Verena (2001).*
http:/www.VerbraucherNews.de/artikel/0000007302.html    (16.12.2003)

*Reeves, R. (1961):* Reality in advertising. New York: Alfred A. Knopf, Inc. deutsch: ohne Datum, Werbung ohne Mythos. Übersetzt von H. Bullinger. Kindler.

*Robertson, Thomas S./ Rossiter, John R. (6/1974):* Children and Commercial Persuasion: An Attribution Theory Analysis. In: Journal of Consumer Research, Vol 1, S.13ff.

*Robertson, T. S./ Zielinski, J. / Ward, S. (1984):* Consumer behavior. Glenview, II:Scott.

*RTL Television (1996):* Gutes Fernsehen – Schlechtes Fernsehen!? Denkanstöße, Fakten, Tips. KoPäd Verlag.

*Schenk- Danzinger, Lotte (1993):* Entwicklungspsychologie. 20., völlig neu bearb. Aufl. Wien. Österr. Bundesverl.

*Schenk, Michael / Donnerstag, Joachim / Höflich, Joachim (1990):* Wirkungen der Werbekommunikation. Köln / Wien.

*Schmidt, Claudia (1995):* Die vermessene X- Generation. In: medium, Nr.3, S.27ff.

*Schmidbauer, Michael (1993):* Programmangebot. „Televisionäre Lieblingsspeise mit Werbe- Ingredienzen". In: Televizion, Nr. 6/93/2.

*Schmidbauer, Michael (1993):* Teil II: Kinder als Kunden. In: Televizion 6/1993/2. Walter Klingler / Thomas Windgasse: Was Kinder sehen. In: Media Perspektive 1/94, S.1.

*Schmidt, Siegfried J. (1990):* Der Diskurs des radikalen Konstruktivismus. Frankfurt am Main.

*Schmidt, Siegfried J. / Spieß, Brigitte (Hrsg.,1995):* Werbung, Medien und Kultur. Opladen. Westdeutscher Verlag.

*Schneider (1994):* Kinder- Fernsehen- Werbung. Entwicklung und Funktionen von Werberichtlinien für das private Fernsehen. In: Erlinger (Hrsg., 1994): Kinderfernsehen und Markt.Wissenschaftsverlag Volker Spiess. Berlin.

*Schneider, Tina (1996):* Kinder lassen kaufen. In: Media Spectrum, 11/1996.

*Schüler Mediaanalyse,* 1993.

*Scott, W.D. (1912):* The psychology of advertising. London: Pitman. In: Moser, K. (2002): Markt- und Werbepsychologie. Ein Lehrbuch. Hofgrefe- Verlag: Göttingen. Bern/ Toronto/ Seattle, S.136, Kasten 35.

*Szybillo, George J. / Sosamie, Arlene (1977):* Familiy Decision Making: Husband, Wife and Children. In: Advances in Consumer Research, Vol.4, ed: Perrault jr. William D., Atlanta, Georgia: Association for Consumer Research.

*Thoma, H. (1982):* Der Hörfunk- Angebot und Nachfrage beim Werbefunk. In: Die Werbung, Bd.2, hrsg. Von B. Tietz. Landsberg.

*Universallexikon (2003).* Init. Bielefeld. Mohn Media. Mohndruck GmbH. Gütersloh.

*Vögeli, F. (1960):* Beleuchtung und Farbgestaltung im Betrieb. Bern: Haupt.

*Vollbrecht, Ralf (1998):* Wie Kinder mit Werbung umgehen. Ergebnisse eines DFG- Forschungsprojekts.

http://lbs.bw.schule.de/onmerz, Seite 1

http://www.medienpaedagogik-online.de/mf/5/00678/
(01.11.2003)
*Ward, Scott (1972):* Children's Reactions to Commercials. In: Journal of Advertising Research, Vol 12, No 2, April 1972, S.37ff.

*werben & verkaufen (1996):* Nr.38/96.
*Winn, Marie (1979):* Die Droge im Wohnzimmer. Kap. „Fernsehen- eine Sucht?". 2. Auflage. Reinbek bei Hamburg.

*Winter, Manfred (1983):* Kind- Familie- Fernsehwerbung. Die Effekte der Fernsehwerbung auf die Position des Kindes beim Kaufentscheidungsprozeß in der Familie. Signum- Verlag.

*ZDF Schriftenreihe (1978):* Familie und Fernsehen, H.21. Medienforschung. Mainz

http://www.abseits.de/marketingkinder.htm, 05.07.2002.
(30.10.2003)

http://www.interverband.com/dbview/owa/IGservsearch1.opt4middlerow?puid=669
470&paid=69392&pccat=4372&pscat=4349&purl=/werberat
(12.12.2003)

www.easa-alliance.org (12.12.2003)